鲁东大学学术著作出版资助
山东省社会科学普及与应用资助项目（编号：2021-SKZZ-11）

齐鲁查拳

刘健　著

人民体育出版社

图书在版编目（CIP）数据

齐鲁查拳 / 刘健著. -- 北京 : 人民体育出版社,
2022（2023.9重印）
ISBN 978-7-5009-6156-7

Ⅰ. ①齐… Ⅱ. ①刘… Ⅲ. ①查拳－山东 Ⅳ.
①G852.12

中国版本图书馆CIP数据核字(2022)第029465号

*

人 民 体 育 出 版 社 出 版 发 行
北京中献拓方科技发展有限公司印刷
新　华　书　店　经　销

*

710×1000　16开本　13.75印张　242千字
2022年9月第1版　　2023年9月第2次印刷

*

ISBN 978-7-5009-6156-7
定价：71.00元

社址：北京市东城区体育馆路8号（天坛公园东门）
电话：67151482（发行部）　　邮编：100061
传真：67151483　　邮购：67118491
网址：www.psphpress.com
（购买本社图书，如遇有缺损页可与邮购部联系）

前　言

查拳是我国历史文化的宝贵资源，有着深厚的文化积淀和鲜明的个性特征，是一项有着传统爱国主义精神和强烈的社会责任感，具有较高武术技术价值和积极向上的人文价值的运动。查拳动作舒展圆润，发力爆脆，节奏明快，奔放饱满，动静有变，劲力通达；器械结合刺、劈、扎、撩、舞花、旋转、跳转等不同的技击方法，使整个套路更加逼真、优美、勇猛、舒展，再加之器械的差异，更体现出套路之间的不同风格；具有防身自卫、修身养性、强身健体、观赏娱乐等作用；由于查拳独特的技法，以及它具有的健身、修身和观赏的功能而越来越受到人们的喜爱，成为武术运动中流传最为广泛的项目之一。

为了继承和弘扬查拳运动，完善科学理论知识、丰富攻防技击内容；为了提高习练者的技术水平，并能在实践中加以应用，从而达到健身、防身的目的，特撰写《齐鲁查拳》一书。

本书以查拳为研究对象，全书共六章，在详细阐述查拳基本知识的基础上，对查拳运动的发展现状及传承与保护进行了深入的分析和研究。其中，第一章为查拳研究现状与研究方法。对我国查拳运动研究现状进行分析，确定研究方法。第二章为查拳运动概述。对查拳的起源与发展、历史演变、流派划分等进行整理、归纳。第三章为查拳的技术特点与内容体系特征分析。从技术理论层面分析查拳的技术风格、特点和内容体系。第四章为查拳的技术分析及训练方法探究。第五章为查拳的传承与保护，也是本书的主体部分，从非物质文化遗产视角下对查拳运动的传承与保护进行研究，分析存在的实际问题并提出合理的解决策略。第六章为查拳经典套路例解。对四路查拳经典组合、龙形剑、锁喉枪、查拳实用招数等进行整理解析。本书集理论性、系统性、科学性、实用性为一体，具有逻辑清晰、结构完整、内容丰富、角度新颖、研究前沿等特点。

在撰写过程中，本书参考了一些专家、学者的研究内容和相关著作，在此一并表示感谢。由于时间和精力有限，书中难免存在有遗漏错误之处，恳请广大读者批评指正。

作者

2021年8月

目　录

导　论

一、研究背景

查拳是我国古老而优秀的武术拳种之一，迄今为止已有1300多年的历史，是我国一项具有重大影响力的少数民族拳种。查拳萌发于山东冠县，主要分布于冠县的南街和西街以及沙庄、张尹庄、里固、十里铺等回族群众居住的村落；盛行于山东聊城、济宁、临清、阳谷，后传至山西、河南、河北、北京、中国台湾、中国香港等地区和东南亚各国。武林中素有“南拳北腿山东查”之说，由此可见查拳在整个武术界中具有显赫的身份地位。查拳在我国的普及度较高，如专业竞技类比赛“全国武术套路锦标赛、全国传统武术套路锦标赛以及省、市武术套路锦标赛”和民间业余爱好者参与的“全国农民运动会，全国少数民族运动会，各级各类的全国、省、市级武术邀请赛”中都有查拳项目的存在。查拳在漫长的历史长河中英才辈出、享誉武林，当代武术大师庞林太（武术九段）、张文广（武术九段）、何福生（武术九段）、吴彬（武术九段）、门惠丰（武术九段）、夏柏华（武术九段）、张山（武术九段）、习云泰（武术九段）、蔡龙云（武术九段）等均出自查拳门。有关查拳的传说，拳师行侠仗义的故事也有不少，形成了独具特色的“查拳文化”，2008年查拳被国务院批准为国家级非物质文化遗产。

虽然查拳是我国优秀的、具有一定影响力的，汇聚当代众多武术大师、名家的少数民族拳种，但由于长期以来所形成的民族习惯，查拳只在本族中传习，因此查拳的这种繁荣只局限于回族人民内部。在中国现代化进程中和文化全球化的强烈冲击下，一步步从曾经的繁荣昌盛走向如今的衰落境地。当提起南拳北腿时，它们还可以浮现在人们的脑海中，但当提起查拳时，很多人却已经没有深刻印象了，查拳这一优秀拳种遇到了前所未有的危机。虽然查拳被批准列入第二批国家级非物质文化遗产名录，但这只是使查拳出现在人们的视野中。通过实地考察和对冠县查拳传承人的访谈得知，目前对于冠县查拳的发展及传承保护状况仍不容乐观，冠县查拳面临着后继乏人的困境。

二、研究目的与意义

查拳是我国历史文化的宝贵资源，有着深厚的文化积淀和鲜明的个性特征，在查拳的历史上涌现出众多知名的武术大师。但是，从近代国门大开之后，西方体育文化开始冲击传统体育的领地，加上其他社会、经济、文化等因素的影响，查拳的境遇起伏不定，逐渐走向了濒临失传的境地。

改革开放以来，中国经济飞速发展，文化影响日益扩大。尤其是随着全球化时代的到来，文化的多样性逐渐受到了各国政府的重视，如何传承、保护和发展独具特色的民族体育文化成为一个重要的社会课题。

在此背景下，本研究提出对历史悠久、具有重要影响力的少数民族体育形式“查拳”进行调查研究，就具有了重要的理论和实际应用价值。①理论意义：通过实际调查和论证，对我国非物质文化遗产的保护和传承提出探索性意见和建议；②实际应用价值：查拳是活态的文化而非僵死的记忆，所以，在基于实际调查的基础上，提出具有针对性的传统策略和方法。

因此，本研究以科学求实的态度，在前辈们研究的基础上继续延伸，整理和挖掘查拳运动的基础理论和技术体系，分析查拳的发展历程、发展现状及其在传承与保护过程中存在的问题。通过合理的改革，使之达到合理化、可持续化、良性化发展的目的，从而为该项目运动的推广和发展贡献绵薄力量。

第一章　查拳研究现状与研究方法

第一节　查拳研究现状

通过知网、万方数据库以关键词“查拳”进行检索，在1980—2020年的范围里共检索到262篇论文，其中144篇有效论文，公开发表论文84篇（其中北大核心15篇，南大核心21篇），硕士论文50篇，博士论文6篇，会议论文3篇，报纸1篇；利用超星读秀和鲁东大学图书馆查询到查拳相关图书39本。对相关文献资料进行研究分析、归纳，将查拳的研究大致分为以下五个方面：查拳的起源与考证；查拳的师承、流派与发展；查拳的技法与特点；查拳的文化特征；查拳的传承与保护。

一、查拳的起源与考证

关于查拳历史起源与考证的研究，张文广的《查拳源流初探》对查拳创始人的各种附会传说进行了调研考证，认为沙亮是目前有史可考的最早的查拳大师，他连中武举人、武进士，后成为率兵驻防、领兵征战的武将，他精晓山东本地拳法，研习《纪效新书》《武编》等，是最早传习查拳之人当毫无疑义①。吴丕清在《沧州回族武术》中得出查拳传入沧州虽然年久，但因缺乏史料，仅可溯至清末。他认为查拳的最早传承人有三人，其一为明末查尚义（一称查密尔）所创，后以姓定名而称“查拳”；其二为山东冠县雍正戊申（1728）科武进士沙亮所创，传称沙亮，即查密尔；其三为马鲁坤丁②。王杰、姜周存在《回族查拳 武坛奇葩》一文中对查拳的渊源、流传进行了表述，并把查拳的起源归纳为三种说法，分别是：唐东征将领传拳说、明末抗倭

①张文广，康戈武. 重拳源流初探［J］. 北京体育学院学报，1984（4）：1-8.

②吴丕清. 沧州回族武术［J］. 回族研究，1997，25（1）：58-64.

说、沙亮创拳说[①]。范景鹏在《“飞腿”沙亮在查拳传承中的作用》中描述查拳起源于山东冠县，是著名的回族“教门拳”，在外界有“回回拳”之称，沙亮是清朝雍正五年的武进士，绰号“飞腿”，是在查拳门历史上有正史记载的第一位高手，通过调查认为沙亮只是查拳传承历史上的一位重要宗师，并非创始者。所以张文广教授认为查拳的创始人是清朝雍正年间的回族武进士沙亮，“查密尔”是“沙密尔”的说法不成立[②]。宗锡元、陈安记在《任城李式查拳之管见》中对李式查拳的历史渊源进行了梳理和总结[③]。李成银在《昔日教门拳 今朝普世界——山东安丘查拳发展调查》一文中对查拳起源的说法进行了梳理，并对安丘查拳的发展历程进行划分与阐述[④]。贾靖在《沙亮在回族“查拳”发展中的历史贡献考略》一文中以沙亮对查拳的发展和传承做出的贡献为导线，重点分析了查拳的渊源以及沙亮对查拳的改进[⑤]。颜庆在《“中土回人，性多拳勇”——查尚义与查拳发展》一文中对查拳进行了细致的考察，对查拳的起源和发展进行了归纳和总结[⑥]；胡俊刚在《黑虎查拳源与缘》中介绍了黑虎查拳的起源[⑦]。

二、查拳的师承、流派与发展

李氏查拳是查拳三大流派之一，它源远流长，从明代始创，历经李氏几代人的继承和发展，技艺不断得到充实与提高，逐渐形成独具一格的完整体系[⑧]。宗锡元等在《谈李式查拳渊源、内容体系、风格特点及发展历史》一文中指出李式查拳是以李恩聚为代表的查拳流派之一，梳理了李式查拳的挖掘、整理和研究过程，对我国明清军旅武术、民间武术的发展演变及对查拳的起源研究具有重要意义[⑨]。袁剑龙在《张英振的查拳技艺和影响窥探》一文中针对

①王杰，姜周存. 回族查拳 武坛奇葩［J］. 中国穆斯林，2008（6）：51–54.

②范景鹏. “飞腿”沙亮在查拳传承中的作用［J］. 体育学刊，2009（2）：109–112.

③宗锡元，陈安记. 任城李式查拳之管见［J］. 精武，2010（3）：38–39.

④李成银. 昔日教门拳 今朝普世界——山东安丘查拳发展调查［J］. 民俗研究，2012（2）：101–104.

⑤贾靖. 沙亮在回族“查拳”发展中的历史贡献考略［J］. 兰台世界，2014（22）：128–129.

⑥颜庆. “中土回人，性多拳勇”——查尚义与查拳发展［J］. 兰台世界，2015（7）：119–120.

⑦胡俊刚. 黑虎查拳源与缘［J］. 少林与太极，2015（6）：24–26.

⑧宗锡元. 李氏查拳［J］. 少林与太极，2010（3）：43–44.

⑨宗锡元，王雪梅，邹宗昂. 谈李式查拳渊源、内容体系、风格特点及发展历史［J］. 中华武术（研究），2012（11）：43–46.

张英振先生的生平以及苦练查拳的过程，以及在此过程中张英振先生对查拳发展的影响，简述了查拳的发展过程①。赖水香的《“快拳”杨鸿修对查拳的影响和推动》提出近代查拳的代表人物非杨鸿修莫属。他在完全掌握查拳奥义的同时，结合自身特点，创造出查拳新种——杨氏查拳，使查拳威力更加迅猛，成为当时赫赫有名的武术高手、查拳大师，为查拳的进一步完善和推广起到关键的作用②。胡俊刚在《黑虎查拳源与缘》中介绍了黑虎查拳历史发展以及在发展过程中的历代传承人的传承③。王明伟在《青藏武术文化研究》中讲述查拳由查密尔所创，在各地流传甚广，内容也不断充实，形成了含有拳术、器械、对练套路繁多的一大流派，此拳在回族群众中尤为盛行，因此也有人将查拳称为“教门拳”。现在有张氏、杨氏、李氏、邱氏、马氏、沙氏之分④。

三、查拳的技法与特点

常振芳的《四路查拳》⑤，张文广的《中国查拳》⑥，常振芳的《三路查拳》⑦，张文广的《中国查拳典型器械套路》⑧，刘鸿池的《传统查拳》⑨，丁明业的《中国查拳实用拳法》⑩等诸多著作对查拳的拳术与器械的演练、节奏、风格和技法特点以及动作简介、要领、实战对抗等进行了系统的梳理和整合。

张文广在《中国查拳典型器械套路研究》中提出不同拳种有不同的运动风格和特点，查拳的典型器械也毫无例外，除保留查拳技术的特点外，还配以不同的技击方法，如刺、劈、扎、撩， 舞花、旋转、跳转等，使整个套路更加逼真、优美、勇猛、舒展， 再加之器械的差异，更体现出套路之间的不同风

①袁剑龙. 张英振的查拳技艺和影响窥探［J］. 兰台世界，2014（22）：138-139.

②赖水香. “快拳”杨鸿修对查拳的影响和推动［J］. 兰台世界，2014（13）：94-95.

③胡俊刚. 黑虎查拳源与缘［J］. 少林与太极，2015（6）：24-26.

④王明伟. 青藏武术文化研究［D］. 上海：上海体育学院，2016.

⑤常振芳. 四路查拳［M］. 北京：人民体育出版社，1957.

⑥张文广. 中国查拳［M］. 济南：山东教育出版社，1985.

⑦常振芳. 三路查拳［M］. 北京：人民体育出版社，1985.

⑧张文广. 中国查拳典型器械套路［M］. 北京：中国人民公安大学出版社，1995.

⑨刘鸿池. 传统查拳［M］. 北京：人民体育出版社，2006.

⑩丁明业. 中国查拳实用拳法［M］. 北京：人民体育出版社，2006.

格[①]。张文广在《中国查拳简述》中将中国查拳体系的构成项目分为弹腿、查拳、器械、对练、查拳技击方法五个部分[②]。吴丕清在《沧州回族武术》中提到查拳舒展圆润，发力爆脆，节奏明快，奔放饱满，动静有变，劲力通达。其拳、械、练三种套路多达70余种[③]。龚双安经过实验设计出的分站逻辑定量节奏模拟图，能够精确控制单、双向动作节奏等要素信息，为查拳套路演练节奏的处理提供科学依据[④]。李富华在《鲁南查拳黑虎查》中介绍了黑虎查拳是鲁南查拳的代表，是清末民初鲁南著名武术家萧羲之先生创编的，其技击特点是以快制胜，以快为先，讲究以快打慢，以慢打迟，拳打人不知，出手如闪电，回手如烧灼[⑤]。吴宪民在《图解查拳四大绝技》中对查拳的拳种以及技术体系作了介绍，并对经典动作的实战运用进行了例解[⑥]。宗锡元、宗婷在《李式查拳技击"五法"》中对查拳的五种技击方法——顺势法、防反法、拦截法、靠身法、迎击法做了详细的介绍，并对每种功法在实战中的应用进行了阐述[⑦]。王清宝通过对查拳多年的实践与体验，详细阐述了查拳的"用"和"打"的心得，以此来提高练习者攻与防动作的运用[⑧]。刘桂林、宗锡元在《李氏查拳门古传"三截套"起源的研究》一文中提出古朴简洁、攻防有致、招招制敌、注重实用，彰显出查拳门手脚并用之特点[⑨]。

四、查拳的文化特征

宗锡元在《查拳行手》中对查拳套路中所蕴含的拳理以及道德精神进行了阐述[⑩]。王雪梅、宗锡元在《浅析查拳作用及发展途径》一文中对查拳防身自卫、修身养性、强身健体、观赏娱乐等作用进行了分析，提出查拳不仅有丰厚

①张文广. 中国查拳典型器械套路研究［J］. 北京体育大学学报，1987，37（3）：1–5，32.

②张文广. 中国查拳简述［J］. 体育教学，1989（2）：74–79.

③吴丕清. 沧州回族武术［J］. 回族研究，1997，25（1）：58–64.

④龚双安. 对查拳套路节奏的研究与实践［J］. 体育学刊，1999（3）：3–5.

⑤李富华. 鲁南查拳黑虎查［J］. 中华武术，2003（1）：30.

⑥吴宪民. 图解查拳四大绝技［J］. 精武，2010（3）：40–46.

⑦宗锡元，宗婷. 李式查拳技击"五法"［J］. 少林与太极，2010（5）：50–51.

⑧王清宝. 解读中国查拳技法特点及方法［J］. 中华武术：研究，2013（1）：26–29.

⑨刘桂林，宗锡元. 李氏查拳门古传"三截套"起源的研究［J］. 中华武术：研究，2016（5）：59–61.

⑩宗锡元. 查拳行手［J］. 少林与太极，2010（6）：49–50.

的文化底蕴和极强的生命力，更是中华民族武术文化的瑰宝之一[①]。郭乃豪在《中华武术之查拳历史与现状、保护与传承研究》一文中对查拳面临的传承断档危机进行了调查分析，对查拳的特征价值、现状及存在的问题进行研究，提出查拳具有爱国的传统精神，可培养强烈的社会责任感，具有较高的武术技术价值和积极向上的人文价值[②]。高健在《聊城查拳的地域文化特征研究》中提出查拳有五大地域文化特点：自然性特征；文化多样性特征；民族性特征；封闭性特征、社团；组织的延绵性特征[③]。

五、查拳的传承与保护

范景鹏在《中土回人，性多拳勇——查拳门》一文中，通过历史学的角度对查拳的起源、清末时期及民国时期查拳发展的历史状况、中华人民共和国成立后查拳的历史发展进行了详细阐述，即主要研究了三个不同的历史时期查拳的发展状况[④]。张辉的《山东省冠县查拳运动发展现状的调查分析和对策研究》主要对查拳在山东冠县民间和学校的发展现状进行了实地调查，并提出相应的发展对策[⑤]。张延庆在《莫待此情成追忆——从记忆到技艺的邢台查拳》一文运用人类学知识与理论，以邢台徐青山家族查拳传承的文化现象为个案，借鉴布尔迪厄的实践理论、马塞尔·莫斯的身体技术理论、莫里斯·哈布瓦赫关于集体记忆等相关理论，同时结合自己习武的切身体会与感悟，分析和阐释了回族查拳背后的文化意义及所发挥的社会功能[⑥]。张维凯在《民间习武共同体的研究——基于山东聊城地区查拳的考察》一文中以山东聊城地区查拳的习武组织和团体为研究对象，从社会学、人类学、文化学以及民俗学的角度出发，提出"民间习武共同体"的概念，对民间习武共同体存在的社会文化基础、时间性、空间性、群体结构模式、传承内容、方式和功能价值等进行了深入研究，并得出相关结论[⑦]。王钧在《开封市查拳发展现状与对策研究》一文

①王雪梅，宗锡元. 浅析查拳作用及发展途径［J］. 中华武术：研究，2012（12）：32-34.

②郭乃豪. 中华武术之查拳历史与现状、保护与传承研究［J］. 中华武术：研究，2014（2）：57-61.

③高健. 聊城查拳的地域文化特征研究［J］. 体育世界：学术版，2018（5）：49-50.

④范景鹏. 中土回人，性多拳勇——查拳门［D］. 兰州：兰州大学，2009.

⑤张辉. 山东省冠县查拳运动发展现状的调查分析和对策研究［D］. 上海：上海交通大学，2011.

⑥张延庆. 莫待此情成追忆——从记忆到技艺的邢台查拳［D］. 北京：中央民族大学，2011.

⑦张维凯. 民间习武共同体的研究——基于山东聊城地区查拳的考察［D］. 北京：北京体育大学，2013.

中，通过对开封市查拳的组织管理、传承者、习练者、练习场所、拳种保护等现状进行考察分析，有针对性地提出了可行性策略[①]。张健健在《山东省冠县张氏查拳的传承与发展研究》中提出冠县地区有17个乡镇练习张氏查拳，大部分集中在村落，男多女少，年龄分布失调，文化程度偏低，练习者大多是农民和在校学生，练习查拳的动机主要是强身健体，教学方式主要是拳师口授身传，生源基本为在校学生，练习2年以下的学生较多，这在一定程度上限制了张氏查拳的发展[②]。张德良在《一校一拳视角下查拳进济南市小学校本课程的可行性研究》中提出在“一校一拳”武术教改新思路的指引下，遵循少年儿童身心发展规律，制定查拳套路技术体系、格斗技术体系和摔法技术体系，从小学到高中年级，由简单到复杂，循序渐进地开展查拳教学[③]。

综上所述，本课题的研究在很大程度上受到了上述著述的启发。但是，上述著述和研究成果更多地局限于引介和学理层面。研究的内容主要是查拳的历史起源、发展现状、技法特点、动作简介以及理论总结性的研究成果，但关于查拳的推广、传承以及保护等发展性战略较为缺乏，特别是查拳属于国家级非物质文化遗产，是民族文化的精华、民族智慧的象征、民族精神的结晶。本课题拟从查拳运动的传承与发展的实际工作需要出发，全面调查、研究、分析查拳运动传承与保护的现状，总结经验，找出存在问题及其产生原因，并提出具有针对性的对策，设计具有山东文化保护与传承特色的发展模式，实现开发与保护、历史与现实、传承与发展的统一，以挽救查拳于濒危之时。

第二节 研究方法

一、研究对象

本文以查拳为研究对象。

①王钧. 开封市查拳发展现状与对策研究［D］. 开封：河南大学，2014.

②张健健. 山东省冠县张氏查拳的传承与发展研究［D］. 西宁：青海师范大学，2016.

③张德良. 一校一拳视角下查拳进济南市小学校本课程的可行性研究［D］. 济南：山东师范大学，2016.

二、研究方法

（一）文献资料法

通过知网、万方数据库查阅查拳的起源、演变与发展、师承流派、技击方法、技术特点以及非物质文化遗产、传承与保护等有关文献，利用超星读秀和鲁东大学图书馆查询到查拳相关图书，收集整理具有权威性的相关资料进行研究分析、归纳、总结、整理。全面了解本课题的研究现状和趋势，为本课题的开展提供理论依据。

（二）专家访谈法

通过信函、电话或者面谈的方式调查、访问查拳发源地的名师以及相关专家，了解查拳的历史、基本内容、风格特点以及现在的派别和传承、推广的形式等内容，并邀请相关研究的专家、学者进行座谈，为本研究的顺利开展提供策略支持。

（三）问卷调查法

在查阅了大量相关文献资料后，根据研究的目的和主要内容，设计调查问卷初稿，并邀请多位专家对问卷进行审核、论证与修改。根据专家的建议和意见，对问卷进行必要的修改、补充和完善后定稿。并对调查问卷进行效度和信度检验，使其结果符合调查要求。

（四）田野调查法

对查拳发源地冠县进行实地考察（冠县查拳研究协会、教体局、张尹庄、冠县西街以及相关中小学和相关传承人、部分练习群众），掌握第一手的资料，并对相关人员发放调查问卷，了解查拳的保护和发展现状，以及对查拳发展展望，收集相关有价值的资料，以期为本研究提供依据。

（五）数理统计法

对调查问卷、访谈、查拳相关比赛数据、检索等收集的信息资料进行数据整理。运用Excel 2003、SPSS软件和百分比等方法对获得的有关数据进行数理统计分析，为论文的撰写提供数据支撑。

（六）扎根理论和逻辑分析法

对所得数据在整理、归纳的基础上进行逻辑分析，由表及里，发现事物的特征和本质规律，得出相应的结论与建议；对前期相关专家、学者研究的成果资料进行整理和分析，从而更深入地探索查拳发展过程中的规律和挖掘查拳的文化意义，就其目前发展面临的问题以及在非物质文化遗产的背景下，构建查拳传承与保护的发展战略，并实际应用到查拳的保护与发展中进行逻辑分析。

第二章　查拳运动概述

第一节　查拳的起源

查拳的起源地位于山东冠县，盛行于鲁西的聊城、济宁、临清、阳谷，后传至山西、河南、河北、北京、中国台湾、中国香港等地区和东南亚各国，这已得到广大武术家和专家学者的认可。但是除了各种附会和传说外，还没有史料记载谁才是查拳的第一创始人，关于它的起源说法不一。一说，因不知其详情故取名为查拳；二说，一位查姓拳师创拳后为其取名，便在《古兰经》中查选合适的字，结果查来查去也没有查到，遂取查找之义名为查拳。除此之外，查拳由来的传说还有“唐朝起源说”“明末抗倭说”“沙亮传拳说”。

一、“唐朝起源说”

唐朝起源说流传较广，拳谱中也有记载。据说唐朝安史之乱时，大将郭子仪借了一支骁勇善战的回鹘精兵平息了这场叛乱。在平乱过程中，有位名叫滑宗岐的将领病倒在山东省冠县张尹庄，经过当地群众的悉心照料后病愈，为了感谢当地的群众，就把自己所习武术“架子拳”传给当地的居民，又把擅长“身法势”的师兄查元义请来一同教拳。二人去世之后，当地人为了纪念二人，按照“托人而传，依人而立”的传统习俗，就把查元义所传的“身法势”叫作“查拳”，把滑宗岐所传的“架子拳”称作“滑拳”。在波斯语中，将长官称为“密尔”，因此将查元义称为“查密尔”，于是至今一直流传着“查密尔传授查拳”的传说[①]。

①李曙光. 齐鲁寻踪［M］. 济南：齐鲁书社，1992.

二、“明末抗倭说”

相传明朝沿海地区倭寇屡屡犯乱，明朝政府征召全国各地的壮年去戍边抗倭，有一名叫查密尔的西域青年请缨东来，不料在途经鲁西冠县时病倒，同行的伙伴便把他留在此地休养。病愈后他把自己多年练就的武艺传授给当地的村民作为报答。后来习练者日益增多，在当地流传甚广，人们便把他所传的武艺称为“查拳”[①]。

三、“沙亮创拳说”

据鲁西冠县、阳谷一带的查拳传人口述，以及查拳内部拳谱记载，沙亮是传说人物查密尔之外最早的查拳拳师。查拳传人张文广先生考证了沙亮的族踪。明末，回族人沙厚庵一支迁居冠县以东的张秋镇。沙厚庵之孙沙亮，于雍正五年（1727 年）在殿试中中武进士，授三等侍卫。随后，被推荐为西安参将。其人一生“贵不狭势，穷不遗微”。其间，曾至冠县修谱联族。1747年，在征金川战役中阵亡。张文广先生研究了沙亮的简历和族踪的某些情况，发现沙亮颇似冠县一带传说中的“查密尔”。据此推测，沙亮可能就是传说中的查拳始祖“查密尔”，“查密尔”被疑是“沙密尔”之音误讹传。关于查拳的创编问题，张文广先生也作了较为细致的考查。通过比较查拳与戚继光《纪效新书·拳经捷要》和唐顺之《武编·拳》中的技术成分，他发现其拳势大都相同或类似。而沙亮本人是武进士，后又成为带兵武将，必然精通山东当地拳法，并研习《纪效新书·拳经捷要》和《武编·拳》。从而推测，沙亮是在山东流行拳法的基础上，吸收戚继光和唐顺之的部分拳法而创编查拳[②]。

①张文广. 中国查拳［M］. 济南：山东教育出版社，1998.

②谷丙天. 中华民族传统体育志［M］. 南宁：广西民族出版社，1990.

第二节　查拳的演变与发展

查拳随着时代的发展逐渐成熟起来，到晚清时期基本形成了各自的流派。据山东《体育志》载：乾隆年间，查拳已在冠县、任城逐渐形成三个不同的武术流派，至光绪年间，三派查拳已闻名于世，主要有冠县的张氏查拳、杨氏查拳以及任城的李氏查拳。张氏查拳以冠县城外张尹庄的张其维为代表，其风格特点为“快速敏捷、拳法严谨”；杨氏查拳以冠县城内南街的杨鸿修为代表，其风格特点为“舒展大方，势正招圆”；李氏查拳以济宁人李恩聚为代表，其风格特点为“刚劲有力，招势连贯”，并将长拳的招式融入短拳中。

查拳一直是回族传统武术的典型代表，因仅在回族中传播不外传，受其影响，发展一度局限于山东和冀鲁豫边区。民国时期，随着许多新兴的武术社团组织和社会体育团体出现，查拳也打破了传统的历史禁锢，积极地参加各类武术比赛，曾经的独门绝技在尘封很久以后终于破茧而出，将查拳技艺呈现于世人面前，并很快成为中国传统武术的中坚力量。中华人民共和国成立后，党和政府把武术作为珍贵的文化遗产进行拯救，不断加强组织领导和宣传引导。查拳又得到了飞跃的发展，查拳传承人打破旧规，群策群力，将查拳推向了传承发展的新起点，而这将对民族进步和社会发展起到积极的促进作用，也为中国武术的发展提供了源源不断的力量。

一、张氏查拳

冠县的“张氏”查拳形成于清末时期，快速敏捷、拳法严谨，以冠县张尹庄张其维为代表。张其维，回族，生于清咸丰癸丑年（1853年），是冠县查拳名家张乾的高足。他武功卓绝，掌指力量惊人，能戳穿牛腹，终生好武，授拳严格。山东镇守马良曾邀请他到济南出任武术教练，因淡泊名利、无心仕途便谢绝了。1899年前后开始设场传艺，培养出了一批查拳精英，其弟子遍及全国，民国时期曾在河南设场授拳的张西彦、张风岭、常振芳，同期在中央国术馆出名的张英振，以散打闻名全国而今旅居中国台湾的张英健，中华人民共和国成立后传艺于山西的张锡太，以及李超群、何振全、宋义洲、何亭英等人均出自他的门下。

二、杨氏查拳

冠县的“杨氏”查拳，舒展大方，势正招圆，以冠县城里南街人杨鸿修为代表。杨鸿修，回族，生于清同治甲子年（1864年），字奉真，回族大阿訇，以“大枪杨鸿修”“快拳杨”闻名大江南北，是冠县查拳名家张金堂和马老为的得意门生。1915年，杨鸿修受马良之聘来到济南，协助创办山东武术传习所，同时任（济南）北大寺阿訇，1919年被聘任到上海中华武术会任总教习。闻名全国的武术家王子平、马金彪，以散打、摔跤出名的何振江、于振声、马裕甫，授徒有方的王兆林、米广亭、马永魁等人，都是其门徒。

三、李氏查拳

任城的李氏查拳，刚劲有力、招势连贯，以济宁人李恩聚为代表。李恩聚，字会亭，回族，生于清咸丰己未年（1859年）李氏家族，祖辈习武，尤精查拳、弹腿和捣捶。李恩聚自幼在其父李振茎的指教下勤习苦练，20岁时，被河标营录为营官。后在父亲的支持下离家寻师访友，增进武功，他做过保镖、开过镖局。清光绪三年（1877年），曾在全国国术擂台赛中得奖，1909年由霍元甲亲聘于上海精武会执教。其子女李龙彪、李凤彪也曾任教于上海精武体育会。他执教严谨，授徒极少。济宁人沙荣民是其主要传人。

第三章　查拳的技术特点与内容体系特征分析

第一节　查拳的技术风格与特点

一、查拳的技术风格

查拳是长拳类的主要拳种之一，历经数百年的实践、演变，查拳逐渐形成为现今的三大技术流派，即“张氏查拳”“杨氏查拳”“李氏查拳”。各派具有不同的技术风格、练习内容和练习方法。张氏查拳的技术风格为“快速敏捷，拳法严谨”；杨氏查拳的技术风格为“舒展大方，势正招圆”；李氏查拳的技术风格为“刚劲有力，招势连贯”。

虽然各派的技术风格、练习内容和练习方法各不相同，但拳理相通，对动作的要求也大体一致。入门学艺要求“修武先修德、学武先学礼”；练拳之前要求“敛凡俗之气，聚武运之神”；行拳走势要体现“周身劲整，内外合一”；对招式的要求是“高一寸为过，低一寸则欠；快一分显僵，慢一分偏松”。体现了查拳对动作势法的严格要求，形成了形神兼备、结构严谨、功架整齐、虚实分明、动作舒展、脆快有力、攻防有致、清晰连贯的查拳风格。

二、查拳的技术特点

（一）查拳的动作技术特点

查拳的动作技术特点概括起来主要有“舒展大方，灵巧紧凑；动静相间，节奏鲜明；乘势借力，圆活连贯；易学难练，细致入微；博采众家，独具一格”。

1. 舒展大方，灵巧紧凑

查拳动作撑拔有力，舒展大方，劲自腰发，贯于腿臂，行于手足，舒而不空，短而不缩，大中含小，竖中藏横，高中有低，远中就近，直中走旋，旋中直进，意随拳行，力随意发，灵巧紧凑。

2. 动静相间，节奏鲜明

查拳行拳走势潇洒自然，动如波涛，静如山岳，缓如飞鹰，快如暴风，动中有静，静中有动，动作起伏转折，刚柔结合，动静鲜明。拳似流星、眼似电，目随手动，头随势转，潇洒自如，神韵俱全。

3. 乘势借力，圆活连贯

查拳演练中的动静疾徐、刚柔虚实等动作转换时不能生拿硬进，应借助惯性，借力打力，势势相连，招招不断，封闭闪躲，无懈可击。使动作衔接自然，圆活流畅，不僵不滞，不呆不板，敏捷爽快。

4. 易学难练，细致入微

查拳简洁规矩，舒展严谨，招圆势正，造型优美。越是简单的动作越能暴露动作的缺点，因此简单的动作必须要高质量地去完成。学拳时要认真细致，演练时则要循规蹈矩，方法要丝丝入扣、环环相连，不能拖泥带水。

5. 博采众家，独具一格

从查拳的技术风格看，既有查拳的干脆明快，又融合了太极拳的柔化、形意拳的钢劲有力、八卦掌的旋拧摆扣、长拳的窜蹦跳跃等众家之长，在勇猛彪悍之中渗透着圆活细腻，在风驰电掣的变化之中含有轻灵稳健，毫无滞涩之感。

（二）查拳的技击特点

1. 出手疾，回手快

对阵交手多以快致胜，“出似离弦箭，回似火烧手”，只有在人还没有反应过来的情况下迅速出击，才能处于主动的地位，收回得快，就能进行有效的防护，再进行下一次进攻。

2. 重腿法，多摔法

拳谚说“手似两扇门，全凭脚打人”“手打三分，脚打七分”，十路弹腿就是以屈伸性腿法弹、踹、蹬为主组成的套路，实用上有出击迅速、收回快的优点。十路弹腿中的“四路撑杀”是摔法，在查拳的教学程序过程中通常以“十路弹腿”作为查拳的基本功进行练习。

3. 明拳暗腿，手脚并用

“手脚齐发，下踢上打”，在出拳时，不仅要灵活运用四肢，更要让头部与四肢协调配合，做到全面的保护，让身体的每一个部位紧密配合，手的动作多引诱对方暴露空当或诱迫对方移动重心，为腿击创造条件。两者的配合非常紧密，特别是明拳暗腿的用法更为巧妙，使人防不胜防。

4. 虚打实上，避实就虚

交手对阵时刻处于一种虚实转换的状态，出拳如此，步法也如此。实战中谁能掌握好、利用好虚实变化的规律，谁就能获胜。

5. 多法巧用，组合连击

把实战中常用的踢、打、摔、拿等各种方法有机地结合在一起，形成打摔结合或踢拿相配的组合动作。远距离用腿，近距离用拳，贴身就用顶、撞、摔等技法，灵活运用，练习精熟后用于实战，就会收到连贯、巧妙的连续攻击的效果。

第二节　查拳的内容体系

查拳是中华武术的优秀拳种之一，以站桩开始、弹腿入门、套路求法、散打求真而循序渐进。在几百年的发展与传承中，查拳经过不断完善，到如今形成了内容丰富、功法全面、艺理俱精，融查、滑、炮、洪、腿、拳以及兵器于一体的完整体系（图3-1）。

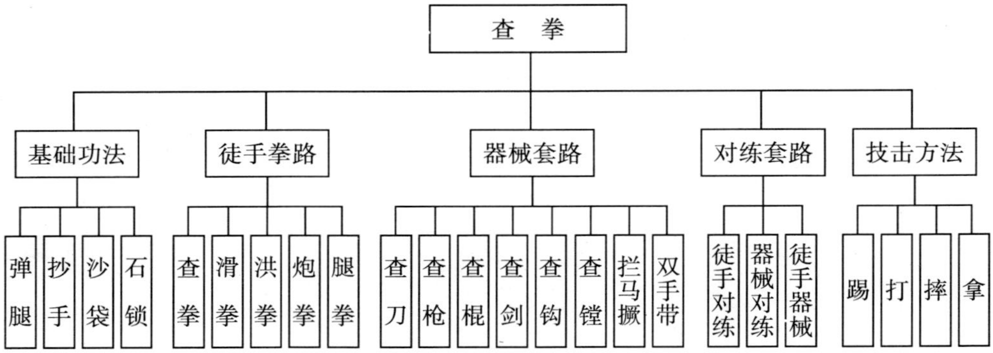

图3-1　查拳体系整理示意图

一、查拳拳系的形成

查拳的基本功套路，由以腿法见长的“弹腿”、以“仆步穿掌”为主要动作的“滑抄”和以拳法为主的“捣捶”组成，这些动作简单易学，既可单练又可对练，是初学者必练的内容，长期坚持这些基本功的练习为后期锻炼打下坚实的基础。查拳的功法练习分为“初级站桩活气功”“中级打桩增力功”“高级行手功”三种练法。主要是通过调和气息、以气运身，来提高手臂、腿部、肩、肘、胯等部位击打沙包、木桩的力度和抗击打能力，通常包括活手功、活腿功、操行手、打散手四种形式。

查拳的基本套路有十路查拳、十路弹腿、三路洪拳、三路滑拳、三路蛇拳、两路腿拳、两路抄腿和一路“五摇三穴”等多种拳术套路。器械和对练项目也是从无到有，器械有刀、枪、棍、剑、撅、带、钩、镗等，如查刀四路、查枪六路、查棍二路、查剑三路、查钩二路，此外还有拦马撅、双手带等。对练有徒手对练、器械对练和徒手与器械对练，徒手对练如徒手对练四路、查拳对练、板搭铐子对练和器械对练，器械对练如对扎枪、对摔棍、对刺剑、扑刀进枪、大铲进枪、扑刀进大刀等，徒手与器械对练如空手夺刀、空手夺棍、空手夺枪等，都具有鲜明的查拳风格。

查拳不仅拳术博采众家之长，器械也通过交流、吸收使原套路演变成具有查拳风格的技术套路。如“一路查枪”由“转环枪”演化而成；“二路查枪”由“梨花枪”演化而成；“三路查刀”由“太祖十八刀”演化而成；“一路查剑”由“昆吾剑”演化而成。另外还吸收了四套滑拳、三套炮拳、四套洪拳、两套腿拳，形成了规模较大的查拳拳系。由此可见，查拳拳系的形成过程是一个交流、吸收、兼并、发展的过程①。

二、查拳的技击内容

众所周知武术套路中的招式是由拳法、腿法、摔法和拿法组成的，即常说的“踢、打、摔、拿”。虽然拳法、腿法、摔法等技法可以单独使用，但是实战中经常是组合在一起运用的，如踢打结合中的上打下踢、佯功中的上惊下取，或拿摔结合、拿打结合中的右拿左摔、左拿右打等，真假难辨、虚实难分，令对手防不胜防、难以招架。这四种技法可以排列组合成许许多多精妙的招式，使查拳内涵丰富且变幻莫测。

（一）“踢”

查拳中的腿法主要以屈伸性和扫转性的进攻性腿法为主，主要包括“弹、蹬、踹、扫、踢、缠、摔、拐、跺”等实用性较强的腿法。拳谚说“手似两扇门，全凭脚打人”“手打三分，脚打七分”，说明了腿法在进攻中的重要性。弹腿、踢腿的力点在脚背，弹腿一般攻击对方的裆部、腹部，踢腿的攻击部位一般是头部；蹬腿和踹腿的力点在脚跟，蹬腿一般蹬踏对方的腹部和胸部，踹腿则可进攻对方的上中下三个部位，即头部、胸腹部和大小腿部；扫腿的力点在小腿或勾脚的脚腕处，一般是低势扫腿和站势勾扫腿，主要进攻对方的下肢小腿部；缠腿、拐腿的劲在小腿和脚腕处，一般采用里扣、外撇缠绕对方小腿，然后勾脚跪膝将对方摔倒；摔劲在脚外侧，可进攻对方的上中下三个部位；跺脚（踩踏）力达整个脚掌，例如，被对方从后面搂抱住不能脱身时，则可抬起任意一只脚用力向下跺对方的脚。

虽然腿法在实战中杀伤力较大，但也有其弱点，双腿站立总比单腿站立要稳固，更何况在实战交替搏斗中，因此要具备较强的平衡能力，同时也要发挥上肢的灵活性和协调性，只有这样才能使腿法快速、准确、有力地踢出去，发挥腿法的巨大威力。

①山东省体育运动委员会编委会. 查拳［M］. 北京：人民体育出版社，1993.

（二）“打”

打主要是对上肢手臂的拳法、掌法和肘法的灵活运用。合理运用上肢的三节（手为梢节、肘为中节、肩为根节）进行不同形式的攻击和防守。“手似两扇门”，开门能引进落空，诱敌深入；关门则能借力打力，使对方无法进取。在进攻中常用的手法有直拳、勾拳和贯拳；扇掌、拍掌和推掌；顶肘、格肘和压肘等。

直拳是拳法中杀伤力最强的拳法之一，力达拳面，出拳时要蹬脚、转胯、拧腰、顺肩，才能将全身的力量集中于拳面这一点爆发；勾拳是一种弧线击打的拳法，而且是近距离攻击的拳法，勾拳的击打、发力方法、步法和重心都基本相同，只是击打方向和目标部位不同而已，主要进攻对方的腹部和下颌；贯拳是以拳攻击对方太阳穴或后脑，属进攻性拳法。

扇掌是一种弧线击打的掌法，主要击打对方的头部（面门、脸颊、后脑）；拍掌时手臂由上向下快速拍击，臂伸直，力达掌心，主要击打对方头顶或后背；推掌时手臂旋臂向前推出，成侧立掌，臂要直，力达掌外沿。

肘在技击实用中威力是最大的，有“宁挨十拳，不挨一肘”的说法。顶肘时手臂屈肘握拳，手心朝下，肘尖前顶或侧顶，力达肘尖，主要进攻对方的面部和腹部；压肘时上臂微屈，手臂内旋向斜下滚压，属于反关节动作；格肘分为里格肘和外格肘，臂上屈，拳心朝里，拳面朝上，前臂由外（内）向体内（外）侧横拨，将对方的来拳或腿格挡开，属于防守性的手法。

（三）“摔”

查拳中的摔法主要有抱摔、别摔和踢摔三大类。抱摔分为扭摔、拧摔、缠摔和抓摔；别摔主要有绊摔、背摔、插入摔、挟摔和手别摔；踢摔分为勾踢摔和扫腿摔。不同的摔法，有着不同的技术要求。例如，查拳中的“四路撑杀”：我以手掌根击打对方颈部，对方如用左手（或右手）化解我右手，我用左手从我手臂下接抓对方左手（或右手）臂，同时，我左腿后插（偷步），右脚迅速后撤，用腿弯部撞击对方前膝盖，右掌猛向对方肘部反向发力，使对方前仆倒地。此动作为打、拿、摔相结合，这种绊、靠、打、拿的合用，是众多技法衔接的一种①，要根据对方的姿势，合理运用脚步和重心的移

①丁明业. 中国查拳实用拳法［M］. 北京：人民体育出版社，2006.

动来寻觅进攻时机。

（四）“拿”

查拳的拿法主要包括刁、拿、锁、扣、扳、点、缠、切、拧、挫、旋、卷、封、闭等。“拿”可以分为拿骨（即反关节）、拿筋、拿穴三类，其中以拿骨为其核心技术，以巧制关节为手段，以擒伏对手为目标，是不伤害对手而达擒获的高超技能，充分体现中华武术“巧打拙，柔克刚”的特点。反关节就是反关节技的意思，一般指发力方向与人体关节运动方向相反，使对手关节被折断或拉伤等而被迫停止格斗，使己方获胜的格斗技术，了解人体关节运动方向、准确把握时机与力量都可当作反关节练习。

第四章　查拳的技术分析及训练方法探究

第一节　查拳的基本技术分析及训练

查拳的基本技术训练主要分为功架训练、腿法训练、平衡训练、跳跃训练、身法训练和劲力协调训练六个部分[①]。

一、功架技术分析及训练

功架训练是查拳基本技术训练的重要内容，主要包括手型、手法练习和步型、步法练习。

（一）手型、手法练习

1. 查拳手型技术分析

主要包括拳、掌、勾三种基本手型。

（1）拳：四指并拢卷握，拇指紧扣食指和中指的第二指节。拳的部位有拳面、拳眼、拳心、拳轮、拳背。

（2）掌：四指并拢伸直，拇指弯曲紧扣于虎口处。掌的部位有掌心、掌背、掌根、掌外沿、掌指。

（3）勾：拇指与食指捏拢，其余三指略散开，屈腕，俗称凤眼勾。勾的部位有勾尖、勾顶。

①刘鸿池. 传统查拳：上册［M］. 北京：人民体育出版社，2006.

2. 查拳基本手法技术分析

主要有冲拳、架拳、劈拳、贯拳、栽拳、砸拳、撩拳等拳法；亮掌、推掌、穿掌、撩掌、挑掌、按掌、托掌等掌法；撩勾、反勾手等勾法；里格肘、外格肘、顶肘、挎肘等肘法；捋手、抡臂等动作。

（1）冲拳：是手法练习的基本内容之一。通过冲拳练习，获得正确的技术方法和爆发力，并为掌握查拳和其他器械的基本技术方法打下基础。练习中，要重点解决出拳无力、力点不准以及拳向前撩等问题。冲拳分为平拳、立拳、斜立拳。平拳拳心朝下；立拳拳眼朝上；斜立拳拳眼斜朝上，俗称“斜插一杆旗”。拳由腰间向前或向上、向侧快速击出，力达拳面。

（2）架拳：拳自下经身前或左、右侧向上旋臂架举，力达拳轮。

（3）劈拳：拳自上向下快速劈击，臂伸直，力达拳轮。

（4）贯拳：拳从侧下方向斜上方弧形横击，臂微屈，拳眼斜朝下，力达拳面。

（5）栽拳：臂由屈到伸自上向下或向前下栽击，力达拳面。

（6）砸拳：拳由上向下砸击，拳心朝上，力达拳背。

（7）撩拳：拳自下向前或向后上方弧形直臂撩击，力达拳轮、拳背或拳心。

（8）亮掌：是查拳套路中静止造型时常用的掌法。亮掌练习的内容有单手亮掌、分手左挑掌右亮掌、左勾手右亮掌，亮掌练习通常和摆头练习结合进行。臂微屈，掌经身左、身右或身前，抖腕翻掌，举于体侧或头上。

（9）推掌：掌由腰间旋臂向前推出，成侧立掌，臂要直，力达掌外沿。

（10）穿掌：臂由屈变伸，手心朝上，沿身体某一部位穿出，力达指尖。

（11）撩掌：手心向前上，直臂向前撩出，力达掌心。

（12）挑掌：臂由下向上以拇指一侧为力点上挑。

（13）按掌：自上向下按，手心向下，力达掌心。

（14）托掌：掌由下向上托起，掌心朝上，力达掌心。

（15）撩勾：勾尖朝下，由后经下向前划弧撩击，力达勾顶。

（16）反勾手：勾尖朝下，经体侧向后划弧，变勾尖朝上成反勾手。

（17）里格肘：臂上屈，拳心朝里，拳面朝上，使前臂由外向体内侧横拨。

（18）外格肘：臂上屈，拳心朝里，拳面朝上，使前臂由内向体外侧横拨。

（19）顶肘：屈肘握拳，手心朝下，肘尖前顶或侧顶，力达肘尖。

（20）挎肘：臂从下向前屈肘举起，如挎物状。

（21）捋手：以腕关节为轴，手掌由内向上、向外缠绕，同时，前臂外旋，使手心转向上抓握。

（22）抡臂：是臂功中以提高肩关节灵活性为目的的练习。练习内容有单抡臂、双臂前后绕环、双臂交叉绕环、侧向抡臂和仆步抡拍等。

3. 手型、手法训练方法

手型、手法练习一般采用单个动作的重复练习法，速度由慢到快，次数由少到多。可用喊口令或拍手掌的方法掌握练习的节奏，提高速度和劲力。

（1）单势发力训练法，以单个动作的重复练习为主，主要是针对某一个做得不好的特定动作或者加强提高某一动作时采用的方法。如冲拳、贯拳、推掌、亮掌等单个动作，要求冲拳等单个动作的速度、力度、力点以及运动路线等做到快、足、准、清晰。

（2）组合式变换训练法，将常用的手型、手法不规则地组合在一起，用口令随机喊出所练习的动作，并迅速、准确、规范地做出相应动作。这种训练方法主要用在查拳学习的初级阶段，检查学习者掌握基本手型、手法动作的熟练度。

（3）结合攻防训练法，对查拳学习者不能掌握或者掌握不好动作要领，要结合实战攻防等手段，来帮助查拳学习者加快对该动作的理解，使其在明白了该动作的攻防技击用法后自然就掌握该动作的运动路线、发力点和着力点等动作要领，并且记忆深刻。

（二）步型、步法练习

1. 步型技术分析

步型的基本要求是准确、稳健。提高步型的准确和稳定性，要增强腿部力量和掌握动作规格。主要包括弓步、马步、仆步、虚步、歇步、丁步、前点步和后点步。练习方法分为单个步型的静功练习（如马步站桩）和动静结合的步型练习。

（1）弓步：两腿前后分开，为本人脚长的4～5倍，前腿屈膝半蹲，脚尖微内扣，膝盖与脚尖垂直；后腿挺膝伸直，脚尖内扣，朝斜前方。两脚全脚掌着地。上体正对前方。屈左腿为左弓步，屈右腿为右弓步。

（2）马步：两脚平行开立，双脚间距离约为脚长的3倍，全脚掌着地，脚尖正对前方；两腿屈膝半蹲，大腿与地面平行，身体重心落于两腿之间，两手抱拳于腰间。

（3）仆步：两脚左右开立，一腿屈膝全蹲，大腿和小腿靠紧，臀部接近小腿，全脚掌着地，脚尖和膝关节外展；另一腿伸直平仆，脚尖内扣，全脚掌着地。仆左腿为左仆步，仆右腿为右仆步。

（4）虚步：两腿前后分开，后腿屈膝半蹲，脚尖外展45°；前腿膝部微屈，脚尖虚点地面，脚面绷平，重心落于后腿上。左腿在前为左虚步，右腿在前为右虚步。

（5）歇步：两腿交叉靠拢，屈膝全蹲，前腿全脚掌着地，脚尖外展；后腿前脚掌着地，脚跟抬起，膝部贴近前腿外侧，臀部坐于后腿接近脚跟处。左脚在前为左歇步，右脚在前为右歇步。

（6）丁步：两腿并拢，屈膝半蹲，一脚全脚掌着地支撑，另一脚脚尖点地，靠于支撑脚内侧。左脚尖点地为左丁步，右脚尖点地为右丁步。

（7）前点步：两脚错步站立，在前之脚脚尖点地。左脚在前为左前点步，右脚在前为右前点步。

（8）后点步：两脚错步站立，在后之脚脚尖点地。左脚在后为左后点步，右脚在后为右后点步。

2. 步法技术分析

步法敏捷主要取决于正确的方法和腿部肌肉快速收缩的能力。练习内容以盖步、插步、擦步、侧嗤步、弧形步（S形步）和盖跳步为主，配合一定的上肢动作。练习方法有单个动作的重复练习和多趟次的反复练习两种。其中弧形步练习还要强调保持身体重心的平稳，切忌忽高忽低，上下闪动。

（1）盖步：一脚经另一腿前向异侧迈一步，两腿成交叉状。迈右腿为右盖步，反之为左盖步。

（2）插步：一脚经另一腿后向异侧迈一步，两腿成交叉状。迈左腿成为左插步，反之为右插步。

（3）擦步：两脚并步站立，一脚向前迈步，另一脚以脚掌贴地向前擦地跟进。

（4）侧嗤步：一脚提起稍离地面，然后支撑腿全蹲，离地之腿以脚底贴地，迅速向侧方用力伸腿滑出，形成仆步。

（5）弧形步：两腿略屈，两脚迅速连续沿弧线向侧前方行走。落地时，由脚跟向脚掌依次滚落。重心要平稳，不可起伏，行走时里脚外摆，外脚内扣。

（6）盖跳步：先使左（右）脚屈膝提起，右（左）脚屈膝立地；然后右（左）脚用脚掌蹬地助跳，左（右）脚立即用脚掌向左侧跳落。

3. 步型、步法训练方法

（1）静力定势训练法，是指静止保持一种姿势不动的练习方法，如马步静止练习3～5分钟，提高下肢腿部力量来增加下盘的稳定性；丁步、虚步等步型由于下肢腿部受力不一致，如左虚步左腿为虚点地，身体重心几乎全部压在右腿支撑腿上，因此此类步型练习能够有效提高单腿支撑的能力。

（2）行进间步法组合变换训练法，就是将几种步法有效组合在一起练习，如右盖步→左侧嗤步→右插步→右盖跳步组合步法练习或弧形步→转身→插步组合步法练习，在熟练掌握步法的同时更能够有效地提高腿部的灵活性。

二、腿法技术分析及训练

（一）腿法技术分析

查拳运动的腿法可分为直摆、屈伸、扫转、击响四大类。主要包括撞膝、蹬腿、弹腿、踢腿、侧踹腿、勾挂腿、前扫腿、勾踢、里合腿、外摆腿、缠腿、点心腿、后撩腿、截腿、拐腿、单拍脚十六种。

1. 直摆腿法练习

直摆腿法的主要内容有正踢腿、斜踢腿、侧踢腿、里合腿、外摆腿和后撩腿。

（1）正踢腿：支撑腿伸直，全脚掌着地，另一腿膝部挺直，脚尖勾起前踢至接近前额，上身保持正直。

（2）斜踢腿：右（左）支撑腿伸直，全脚掌着地，左（右）腿膝部挺直，脚尖勾起，踢近异侧耳部。

（3）侧踢腿：右（左）支撑腿伸直，全脚掌着地，左（右）腿膝部挺直，脚尖勾起，经体侧踢向脑后。

（4）里合腿：右（左）腿伸直，脚不动；左（右）腿直腿勾脚，从下经体侧向头前上方踢摆，然后经另一侧向下摆落。

（5）外摆腿：右（左）腿直立，左（右）腿勾脚向异侧上方踢起，经脸前向外呈扇形摆落。

（6）后撩腿：右（左）支撑腿伸直，上身前俯，抬头挺胸；左（右）腿向后上方撩踢，力达脚掌。

2. 屈伸腿法练习

屈伸腿法有着较强的实用性。练好屈伸腿法，有助于丰富套路的击法内容，表现查拳刚劲有力的特点。练习中要特别强调屈膝上提、固定膝关节、小腿迅速伸展的动作要领，使弹力贯注脚尖（跟、掌），显出寸劲。

（1）撞膝：右（左）支撑腿直立，左（右）腿屈膝提起，向前上方撞击，脚面绷平，力达膝盖。或右（左）支撑腿直立，身体向支撑腿方向转体；左（右）腿屈膝提起，随转体从下向异侧上方弧形撞击，脚面绷平，力达膝盖。

（2）蹬腿：右（左）支撑腿直立，左（右）腿由屈到伸，脚尖勾起用脚跟猛力蹬出。

（3）弹腿：右（左）支撑腿直立，左（右）腿由屈到伸向前弹出，脚面绷平，力达脚尖。

（4）侧踹腿：右（左）支撑腿直立，左（右）腿由屈到伸，脚尖勾起，用脚底向侧方踹出，上身倾斜。

（5）勾挂腿：右（左）脚向前迈步，屈膝略蹲，左（右）脚由后勾脚向异侧前上方擦离地面，弧形上摆，然后屈膝回收，脚尖朝上。

（6）勾踢：右（左）腿直立，膝微屈；左（右）腿小腿后摆，随即挺膝勾脚，沿支撑脚内侧向前摆起。

（7）缠腿：右（左）腿直立，左（右）腿向里绕环，屈膝，脚尖勾起并内扣，上身微倾。

（8）点心腿：右（左）支撑腿挺直站稳，左（右）腿由屈到伸，向前点出，脚面绷平，力达脚尖，上身后仰。

（9）截腿：右（左）腿直立，左（右）腿屈膝提起，脚尖翘起；然后立地腿略蹲，提起腿脚尖外展，以脚底为力点，向前下方斜伸，脚内侧斜朝前。

（10）拐腿：右（左）腿直立，左（右）腿小腿后屈，脚尖朝下，从后向同侧横摆，同侧手迎击脚外侧。

3. 扫转腿法练习

主要内容为前扫腿。支撑腿屈膝全蹲作轴，扫转腿伸直，脚内扣，脚掌擦地，迅速扫转一周。要分步骤循序渐进练习，即由易到难，逐步完成。

4. 击响腿法练习

主要内容有里合拍脚、外摆拍脚和单拍脚。练习中要强调击拍的响亮。

（1）里合拍脚：同上里合腿，双手依次击拍脚背。

（2）外摆拍脚：同上外摆腿，左（右）手击拍右（左）脚掌心。

（3）单拍脚：左手臂在头顶上方右手臂由下向上举，左手在头顶前上方击拍右手手背，同时右腿快速上踢脚背绷直，右手迅速击拍右脚背。

（二）腿法训练方法

（1）定步练习：即支撑腿不动的踢腿练习。

（2）活步练习：即行进间的踢腿练习。

（3）组合练习：有两种方法。一种是几种腿法组合在一起进行练习，以加大练习的难度，提高不同腿法的连踢能力；另一种是结合套路中、前、后动作的腿法练习，提高腿法与前后动作连贯衔接的能力。

三、平衡技术分析及训练

（一）平衡性动作练习

平衡动作的内容主要有提膝平衡、扣腿平衡和望月平衡三大类。

（1）提膝平衡：右（左）腿伸直支撑，左（右）腿屈膝提起，脚面绷平扣于支撑腿前面。

（2）扣腿平衡：右（左）腿屈膝半蹲，左（右）腿屈膝勾脚，脚背扣于右（左）腿腘窝处。

（3）望月平衡：支撑腿伸直或稍屈站稳，上体侧倾拧腰，向支撑腿同侧上翻，挺胸塌腰；另一腿在身后向支撑腿的同侧方上举，小腿屈收，脚面绷平，脚底朝上。

（二）平衡训练方法

（1）扳控练习：扳腿和控腿结合的练习。

（2）依托练习：手扶支撑物进行各种平衡练习。

（3）原地静控练习：先稳定重心，再完成平衡动作，逐渐增加静止控制的时间。

（4）动静结合练习：连接前后动作的练习。

四、跳跃技术分析及训练

（一）跳跃技术分析

跳跃动作在查拳套路中占有重要的位置，它的质量如何，直接影响着整套动作的质量。影响跳跃动作质量的因素主要是动作的技术方法和弹跳力，因此，跳跃练习要把增强弹跳力放在首位，同时要始终重视不断改进技术，掌握正确的方法。查拳套路中主要包括腾空飞脚、回马腿、旋风脚、腾空摆莲、腾空箭弹和腾空侧踹腿六种跳跃动作。

（1）腾空飞脚：摆动腿高提，起跳腿上摆伸直，脚面绷平，同一体侧手在额前拍击前踢之脚面。

（2）回马腿：腾空之后，在空中向后转身，并做飞脚动作。

（3）旋风脚：摆动腿直摆或屈膝，起跳伸直，腾空转体180°；异侧手击拍脚掌，击拍响亮，转体180°，落地。

（4）腾空摆莲：摆动腿要高，起跳腿伸直外摆，脚面绷平，两手依次击手拍脚共三响。

（5）腾空箭弹：身体腾空，起跳腿由屈到伸向前弹出，脚面绷平，力达脚尖。

（6）腾空侧踹腿：两腿同时起跳腾空，一腿屈膝上提，另一腿向同侧方向做侧踹。

（二）跳跃训练方法

1. 弹跳力练习

跳跃动作的用力方式，多表现为爆发式踏跳。发展武术运动员的弹跳力，是指在进行各种跳跃动作练习时，肌肉的工作方式、动作结构、用力方向及关节角度与武术腾空跳跃专项技术要求相一致。这种接近专项技术的弹跳力练习，是发展弹跳力常用的方法，它对武术跳跃技术动作的掌握和提高起着正诱导作用，如击步摸高、击步冲顶吊球、击步连续直体跳、拉腿跳、收腿跳及各种转体跳等。通过专门性练习，如连续腾空飞脚、回马腿、旋风脚和腾空摆莲等完整技术的重复练习，来发展武术运动员的弹跳力。

2. 负重练习

跳跃动作需要运动员具有逐步提高克服自身重量的能力。可采用负重练习的方法，如穿沙背心进行双摇跳绳、直体跳、触胸跳、空中转体跳、弓步胯跳、蛙跳、跳台阶等来提高运动员的弹跳能力。

五、身法技术分析及训练

身法练习包括静态的身型和动态的躯干运动方法。

（一）身型练习

身型练习在完整动作的定势练习中进行（如仆步亮掌等组合动作）。

（二）躯干运动练习

躯干的运动练习是以腰部的柔韧性、灵活性为基础。腰部柔韧性练习有腰前俯、侧屈、后仰等，属于静压的方法。活动性练习的方法有甩腰、涮腰、翻腰等。练习中要求腰胯松开而有弹性，尽量加大腰胯拧转和左右侧倾的幅度。

六、劲力协调性技术分析及训练

劲力充沛是查拳的特点，协调是动作工整、严谨、发力刚猛的基础。

通过劲力协调练习，达到动作整体合一的目的。练习内容以带有手法、步法、腿法、身法的完整动作和组合动作为主，如弹腿冲拳、虚步亮掌、仆步穿掌、十路弹腿等，练习中采取慢练与快练、分解动作与完整动作相结合的方法。

第二节　查拳套路技术训练

一、查拳套路技术训练内容

（一）抓好动作规格和协调劲力

动作规格是技术的基础，协调劲力是技术的核心。抓好动作规格，就是要使每一个动作动有法，定有势。动要路线清晰、合理，定要姿势严谨、准确。

（二）抓好套路节奏和武术意识

节奏明快是查拳运动的技术特点，主要表现在动作轻重刚柔、快慢缓急和起伏开合三个方面。武术意识就是动作的攻防意识。查拳运动要求“拳如流星眼似箭”，动如波涛，静如山岳，这就需要在理解动作攻防含义的基础上，通过以眼传神，表达动作强烈的武术意识，以促进和配合动作节奏的处理和身法的表现。练习方法以组合动作和分段练习为主。

（三）抓好跳跃难度练习

跳跃难度动作因其动作复杂对体能和技能要求较高，在查拳套路中起着画龙点睛、形成高潮的作用。又因其稍有失误便会对整个套路的质量产生重大影响，因而在套路中占据着重要位置。练习方法以重复练习为主。

（四）抓好专项耐力训练

专项耐力的好坏是决定整套动作完成质量的高低和能否取得好成绩的关键。查拳套路活动量大，对专项耐力要求很高，因而必须十分重视。练习方法主要有整套训练和运用间歇法的分段训练。

二、查拳套路技术训练手段与方法

（一）组合技术训练

主要是在原有的基本技术上，将某些典型动作串连起来，掌握和提高动作与动作之间衔接转换的技法，加强动作的连贯性。

1. 原地组合技术练习法

（1）一法多势练习法：指一种手法或器械方法配合多种步型或步法的训练方式。如拳术中的冲拳可采用弓步冲拳、马步冲拳、歇步冲拳，或是枪术中的扎枪可采用弓步扎枪、并步扎枪或虚步扎枪等。以一种手法或器械方法配合多种步法的练习方式来提高不同姿势下手法或器械方法的灵活运用能力。

（2）一势多法练习法：指一种步型或步法配合多种手法或器械方法的训练方式。如拳术中的冲拳可采用弓步冲拳、弓步推掌、弓步挑掌，或是剑术中的弓步刺剑、弓步劈剑或弓步挂剑等。以一种步型或步法来配合多种手法、器械方法的练习方式来提高单种姿势下手法和器械方法的灵活变化能力。

2. 组合式变换练习法

把套路中经常出现的手型、手法、步型、步法和器械方法等动作按其运动规律合理地编排在一起，达到一个组合练习完就可以规范几种手型、手法或器械方法的练习目的。

3. 固定组合练习法

组合练习是套路技术训练的常用方法。根据套路的划分，从每段中找出一个动作多、组别多、一连串的组合动作作为固定组合，通常每个套路中会有4～6个大组合。通过固定组合的练习，提高动作的熟练性、准确性，使动作发力刚劲迅猛，力点准确，器械方法娴熟，节奏处理得心应手，并能够在成套练习中做出高质量动作。

（二）分段技术训练

主要是提高动作组合之间的连贯性，加强以武术意识及节奏安排为目的的分段练习。练习方法主要以重复和间歇练习为主。分段练习的目的在于提高组合动作之间的衔接连贯、分段练习的动作质量、段落的节奏安排和武术意识的表达能力。

（三）整套技术训练

整套练习是在单个动作、组合动作和分段练习的基础上进行的，目的在于培养出能出色发挥出已获技能的身体能力和层次分明、一气呵成的全套练习能力。练习方法有整套、超半套、超套，主要在比赛、考试前的集训中运用。

由于查拳套路勇猛刚劲，运动量大，消耗能量多，因此采用整套训练的形式较少，只是在赛前训练中才增加练习，一般控制在2～4次。整套练习中突出强调的是从动作质量、节奏处理、意识表达到运动风格的完整性，因此练习中要保证套路不间断地一气呵成，即使中途出现个别失误也不能中止训练。

第三节　查拳综合身体素质训练

查拳锻炼者的体能是指锻炼者机体的运动能力。这种能力是支撑查拳锻炼者在比赛中发挥技能作用的物质系统。没有物质做基础，没有体能来支撑，锻炼者的技能就无法发挥。锻炼者所具备的体能主要包括力量、速度、耐力、柔韧性和协调性五个方面[①]。

一、力量训练内容与方法

力量素质是运动员的基本素质之一，与其他素质有着极为密切的关系，影响着运动员肌肉耐力的增长、灵敏素质的发展和速度素质的提高等，被称为基本的运动素质。运动员任何技术动作的表现都是通过肌肉工作来实现的，力量素质是身体训练水平的重要指标。按照查拳运动的技术特点，可将力量练习分为静力性力量训练和动力性力量训练。

①B. H. 普拉托诺夫，M. M. 布拉托娃. 运动员的身体训练［M］. 武汉：武汉体育学院出版社，1994.

（一）静力性力量训练

静力性力量是指当肌肉主要以等长形式收缩时所产生的力量[①]。静力性力量的特点是人体的姿势和位置相对固定，肌肉的长度不变的情况下产生的张力。查拳的定势动作或平衡动作均属于静止用力，这就需要具备一定的静力性力量。训练方法有：

（1）俯卧撑：双手十指撑地，臂微屈成水平，身体平卧、静卧，增强臂力、腹肌、背肌及手指的指力。每组1～2分钟，进行3～5组为宜，每组间隙3分钟。

（2）引体向上静力支撑：双手掌心向内抓握单杠，慢慢向上拉起身体，小臂与大臂夹角到90°时静止。30秒～1分钟为一组，进行3～5组为宜，每组间隙3分钟。能够有效增强双手的握力，增强臂力的持久力。

（3）负重弓步静蹲：身穿5公斤重的沙衣，挺胸直腰，眼看前方，前腿弓成水平，后腿蹬直，脚趾抓地。每组3～5分钟，进行3～5组为宜，长期坚持练习有助于提高下肢步法的稳固性，增强腿部力量和脚趾抓地的能力。

（4）负重深蹲练习：肩抗60～90公斤重的杠铃，挺胸直腰，眼看前方，两脚分开与肩同宽，下蹲至臀部接触小腿肚，慢起慢落。每组10～15次，进行3～5组为宜，长期坚持练习能够有效地增强腿部力量。

（二）动力性力量训练

动力性力量指肌肉进行缩短收缩时所产生的力量，动力性力量训练的特点是使肌体产生明显的位移运动，并使人体产生了加速运动[②]。表现在外部阻力不大的情况下，在最短时间内发挥肌肉力量的能力，即爆发力。查拳训练中的闪展腾挪等快速组合动作主要是上肢手臂的速度力量、协同腰腹力量和腿部力量这三种劲力合力完成的。发展手臂、腰腹和腿部的爆发性力量可选择以下方法进行：

（1）臂力练习：俯卧撑、卧推杠铃、推小车（爬行）等方法，10～20次一组，每次练习3～5组，每组间隔3～5分钟，推小车一般每次爬行50米，每组间隔约3分钟。

①邓树勋，王健，乔德才，等. 运动生理学［M］. 北京：高等教育出版社，2009.

②田麦久. 运动训练学［M］. 北京：人民体育出版社，2000.

（2）腰腹力量练习：练习方式有杠铃提起、仰卧起坐、俯卧两头起，20次一组，每次练习3～5组，每组间隔1分钟。

（3）腿部力量：负重深蹲、负重半蹲、蛙跳、单腿深蹲，20次一组，每次练习3～5组，每组间隔3～5分钟。

在安排力量素质训练时，要坚持量力性原则和适应性原则，把力量训练重点放在发展速度力量上，使力量训练与速度训练结合起来，不宜以增加肌肉体积的方式来发展力量。随着年龄增长和训练水平的不断提高，可适当增加力量练习的负荷量直至最大，并可穿插一些负重练习。在发展主要肌肉群力量的同时，也要注意使身体各部位力量得到全面发展。

另外，随着训练水平的提高，可适当采用负重或增加练习难度的方法发展快速力量，但负重练习应在不降低完成动作速度的前提下进行，并尽量符合技术动作的发力角度和肌肉工作特征。进行力量练习时，应做到以动为主，动静结合，力量练习与柔韧练习相结合，使力量的发展符合武术项目的需要。

二、速度训练内容与方法

速度素质是查拳运动的基本素质之一，尤其是动作速度，是充分发挥技术动作的保证。查拳运动的速度是指练习者快速完成动作的能力。“快打慢”是武术运动的一个客观规律，因此，查拳练习者的速度能力在查拳比赛中起着至关重要的作用。查拳运动速度的表现形式为反应速度、动作速度、位移速度。反应速度是指对对手动作的变化做出相应动作的反应快慢能力；动作速度是指运动员身体完成单个动作的时间长短；位移速度是指单位时间内身体移动距离长短的能力或身体通过一定距离所需时间长短的能力。训练方法如下：

（一）通过信号刺激，发展反应速度

查拳运动不需要复杂的反应，练习套路是对已知的信号做出的应答反应，即简单反应。但反应速度的快慢和动作速度有直接关系，因而可通过简单或复杂的信号刺激，提高运动员的反应速度，如通过集中注意力结合突发信号（口令或手势）让练习者做出相应的反应动作以提高他们的反应能力。在进行反应练习时应逐步增加练习难度，利用各种强度适宜的信号综合刺激，动员他们更多的感觉，如听觉、视觉和触觉同时参与活动，提高他们的复杂反应速度能力。进行反应速度练习时，信号刺激的强度必须适宜，过大或过小都不利于反

应速度的提高。每个动作的重复次数不宜过多，方法要多样，应力求保持锻炼者的练习兴趣。

（二）提高动作频率，发展动作速度

频率是影响速度素质提高的主要原因之一，发展动作频率的练习一般采用田径跑的练习方式，如高抬腿跑、顺风跑、下坡跑、30米或50米疾跑、变速跑、折返跑等练习。在采用跑步的练习发展速度能力时，应合理地控制动作节奏。从发展动作的快速能力看，以最快的速度进行练习方可奏效。为了避免“速度障碍”的出现，采用快慢结合速度练习方式，应以控制最大速度的练习次数。

（三）变换训练条件，发展快速力量

速度素质可以通过发展快速力量提高速度能力。进行速度素质训练时，应在提高用力协调性、动作频率和动作速度的同时，逐渐加强快速力量的训练，以提高他们的快速能力，如克服自身体重的各种快速跳跃，负重轻器械的快速力量练习等。在进行快速力量练习的过程中，可穿插一些轻松跑、上肢的抡绕和一些柔韧性及协调性练习，以克服肌肉外阻力，提高速度力量的练习效果。快速力量训练不仅是为提高快速能力而采取的手段之一，还可通过增加跑的距离（如60米、100米以上的加速跑），来发展速度力量。

三、耐力训练内容与方法

耐力是指人体在长时间负荷下抵抗神经、肌肉疲劳以及疲劳后迅速恢复的能力。耐力素质对查拳运动的影响十分显著，查拳是有氧和无氧相结合的运动训练项目，在比赛中要求选手具备充沛的体力，才能高质量地完成整套动作的演练。发展耐力素质要适当控制负荷量，最大可能地建立有氧耐力储备，随着年龄的增长不断提高对无氧耐力训练的要求。训练方法如下。

（一）连续训练法

如运用匀速持续跑的练习发展有氧耐力，并常以脉搏频率作为指标，控制练习的强度。一般认为，心率在130～170次/分为适宜状态，运动结束5分钟恢复到120次/分以下。如以各种长距离跑发展有氧耐力，对发展有氧耐力效果较好。在进行有氧耐力练习时，还可采用各种游戏或球类活动。进行无氧练习

时，练习的内容和形式，要考虑查拳项目对无氧耐力的需求，如常采用400米变速跑等。随着训练水平的提高，练习的负荷强度都要随之增加直至最大。

（二）间歇训练法

间歇训练法是指锻炼者在进行一定的练习后，严格按照间歇时间进行休息，再进行练习的方法。这是发展耐力常用的训练方法。练习的强度为75%，心率为170～180次/分，间歇时间由长变为越来越短，重复次数少，如100米、200米、 400米、800米间歇跑等。

四、柔韧性训练内容与方法

在查拳专项身体素质训练中，柔韧性练习占较大比例。柔韧性好，可保证运动员快速、准确、协调、连贯地完成一系列技术动作，表现出较高的运动技术水平，并有利于避免伤害事故的发生，保证和延长运动寿命①。柔韧性差，就会使运动技术动作的幅度受限，影响动作的协调用力，出现动作僵硬、劲力不顺和动作不协调等弊病，也是造成动作技术错误、肌肉韧带拉伤的原因之一。

练习方法：如压肩、腰、腿、髋、踝等关节，在促进大关节柔韧性、灵活性发展的同时，也要注意发展小关节的柔韧性，使关节的灵活性发挥到最大限值。训练实践中，柔韧素质训练可划分为主动性练习、被动性练习和混合性练习。

（一）主动性练习

是指由运动员主动用力完成相应部位软组织拉长的练习，如发展武术柔韧性时经常采用的压腿、压肩等固定支点的练习，在最大幅度时依靠自身的肌肉力量保持静止姿势的练习，原地或行进间的踢、摆练习和翻腰、涮腰练习等。因此，主动性练习也包括动力性练习和静力性练习两种形式。

（二）被动性练习

是借助于外力，使运动员的软组织被动拉长，使之达到最大活动范围的练习，如在教练员或同伴的帮助下进行的扳腿、撕腿、甩腰、压叉及提高肩

①全国体育教材委员会. 中国武术教程（上册）［M］. 北京：人民体育出版社，2004.

关节灵活性的练习，由外力来保持某种静止姿势，使相应部位的活动范围达到最大幅度的练习。被动柔韧性练习同样也包括动力性练习和静力性练习两种形式。

（三）混合性练习

混合性练习是主动柔韧性练习和被动柔韧性练习交替进行的一种练习，这是在基础训练阶段经常采用的练习方式，如压腿后再由教练员帮助扳腿、撕腿、甩腰、压叉等。随着训练水平的提高，可以适当增加负重的柔韧性练习，如下肢绑沙袋进行踢腿练习，使之产生一种惯性，从而提高被动柔韧性。

五、协调性训练内容与方法

协调能力是人体各种机能的综合体现，是掌握技术的基础，如手、眼、身法、步协调配合，是内在意识和外部动作的协调配合，从而达到内外高度统一的整体性。协调性好的运动员往往完成技术动作准确、连贯、完整而富有韵律，协调性差的运动员则显得力拙劲滞，训练效果差。可见协调素质的好坏，直接影响着运动员训练和比赛中技术动作的准确性、身械协调性和技术动作在时间、空间以及用力等特征上的最佳配合能力。培养武术运动员的协调性有以下途径。

（一）培养多种运动能力

协调能力的生理基础是中枢神经系统传导过程中的协调。培养查拳锻炼者的协调能力应从培养他们的各种能力入手，来发展他们的基本活动能力。

（1）以跑、跳、爬、步法移动为主的练习形式。这是早期训练中常用的训练手段，既适应青少年的身训特点又能调动他们的积极性，能够有效地提高他们上下肢的协调配合能力。

（2）提高反应能力的练习形式。利用信号作为条件刺激，使查拳锻炼者做出快速的应答练习，如相反口令的练习，蹲下时让运动员快速站立，向左指时运动员迅速向右跑等，来发展他们的反应能力。

（3）培养模仿能力的练习形式。通过体操、舞蹈等练习，发展机体在空间位置的肌肉感觉和各环节在时间上的协调配合能力。

（4）掌握多种项目技术能力的练习形式。协调能力与运动员掌握的基础条件反射的数量和经验有关，所以使他们掌握不同项目的多种技术动作也有助于协调能力的提高。

（二）注意提高保持平衡的能力

查拳套路练习中常呈现起伏转折、蹿蹦跳跃及静止平衡等动作，这就要求查拳练习者有良好的控制平衡的能力。在进行身体训练时，可通过条件变化，来提高查拳练习者的平衡能力，从而培养其协调性。如在平衡木状的木板、石块等上面进行单腿直立的平衡练习或者是前后左右单双脚交换跳来锻炼身体的平衡能力。由于协调性练习要求锻炼者注意力高度集中，易疲劳，所以训练应安排在课的开始部分，训练时间不宜过长，重复次数不宜过多，训练中间应有足够的休息时间。

六、综合身体素质训练的基本要求

（一）掌握好全面身体训练与专项身体训练的比例

在训练中应逐步增加力量、速度、耐力的练习强度，同时还要围绕着查拳项目对专项素质的要求，安排专项身体素质练习，要根据运动员的生理特点、心理特点和对专项身体素质的要求循序渐进，进行全面系统的身体训练，逐步提高他们各器官系统的适应能力和承担负荷的能力，为查拳运动技战术的掌握和提高打下牢固的身体基础。

（二）把握好体能训练发展的敏感期

体能训练主要内容是对运动素质的训练。每一种运动素质在不同时期的训练效果是不一样的，这就为各项素质的全面发展提供了客观依据，运动素质发展的最佳时段通常被称为“敏感期”。训练中应抓住有利时机，使身体素质在“敏感期”得到较大提高。

（三）专项素质训练与基本技术训练相结合

在发展专项身体素质的同时，始终要对查拳基本动作技术规格进行规范，这样做就是为了把专项身体素质训练与基本技术训练结合起来，相得益彰，使基本技术得以熟练、巩固与提高，把体能训练成果通过专项技术转化到查拳运动员的技术水平上去。

第四节　查拳的心理训练

一、查拳的心理训练内容

心理训练分为一般心理训练、赛前心理训练和赛后心理调节①。

（一）一般心理训练

一般心理训练是在日常的训练中培养和发展运动员所必备的基本的心理品质和心理能力的训练过程。一般心理训练在运动训练的全过程都可以进行安排，主要包括培养运动员从事查拳专项所需的兴趣、能力、气质、性格等个性心理特征，发展感知觉、运动表象、形象思维、想象力以及情感和意志品质等心理过程，培养注意品质，包括注意的稳定、注意的集中、注意的转移和注意的分配等。

（二）赛前心理训练

赛前心理训练是在具体比赛之前较短时期内针对比赛使运动员掌握自我调节心理状态的方法，最大程度地适应比赛要求，做好参赛心理准备的专门训练过程。赛前训练包括使运动员明确比赛任务，激发良好的比赛动机，建立比赛信心，消除各种不利于比赛的心理障碍，使运动员学会调节和控制自己的情绪，保持积极稳定的心理状态，确保其技战术水平的充分发挥。换言之，赛前专门训练的目的就在于能够在较短时间内掌握和运用自我调节心理状态的方法，以便形成最佳竞技状态。

（三）赛后心理调节

运动员在经过了高强度激烈对抗的查拳比赛后，身心会产生深度的疲劳，这时的心理调节也极为重要，同样是心理训练的重要组成部分，最关键的是要

①全国体育学院教材委员会. 运动心理学［M］. 北京：人民体育出版社，1988.

让运动员能够正确地对待成功或失败的情绪体验，对比赛中未取得好成绩的运动员，帮助其分析失利的原因，及时消除因一次比赛失败而产生的消极情绪，多进行正面积极鼓励，以激发运动员不畏挫折、积极进取的强烈动机。

二、查拳的心理训练方法

（一）想象训练法

想象训练也称意念训练，是通过积极的思维借助想象或运动表象进行的自我心理暗示，以改善查拳锻炼者个性心理特征和心理过程的一种训练方法。如在学习新的技术时，可想象动作技术过程、动作形态等做好准备。

（二）诱导式训练法

诱导训练是通过他人的语言信号或其他途径（如录像、录音等）的外界刺激来引导查拳锻炼者按照预定的要求去执行的心理训练方法。鼓励、启发、说服、举例，乃至批评等都是常用的诱导方法。教练员还可以应用一些直观的方法，如动作示范、电视、图片等向查拳锻炼者传递特定的、感兴趣的信息，把查拳锻炼者的注意力及思维引导至有利于查拳训练或比赛的方向，并按照预定的要求实施。

（三）比赛模式化训练法

模拟训练是通过在训练中设置与未来比赛时可能出现的各种相似的情况，使查拳锻炼者在近似比赛的条件下，锻炼和提高对正式比赛心理适应能力的训练方法。一般采用模拟比赛场景、模拟比赛的日程安排及作息时间、模拟比赛中可能会遇到的情况等。

三、常见心理障碍及克服方法

（一）得失心理作祟

运动员在赛前对取得比赛成绩的期望值过高，但是又怕自己在比赛中的失误或者对手的出色发挥而产生矛盾的情绪状态，导致运动员在比赛前过度紧张、没有食欲、精神亢奋、无法入睡、自信心下降等情况。这种状态对运动员的身心消耗是极大的，体能过度消耗会直接影响其技术水平的发挥。遇到这种情况时，最重要的一点就是引导运动员集中注意力，把精力放在比赛的过程上，不必计较得失，全心全力打好比赛，充分发挥出个人的技术水平即可。教练员在赛前不可过分强调比赛的重要性或对运动员提出较高的要求，如必须取得冠军等。要帮助运动员树立自信心和稳定情绪，正确对待比赛结果，减轻运动员的压力。

（二）严重缺乏自信心

有的运动员在赛前不相信自己的实力，严重缺乏自信心。这种惧怕的心理会使大脑皮质的控制系统产生紊乱，情绪低落，自信心下降，引起运动员机能失调，消极对待比赛，影响自己技术水平的发挥。一般新手或参加大赛时会出现这种心理状态。克服这种心理障碍的关键就是要帮助运动员树立自信心，正确对待比赛，激发运动员的斗志，把消极的情绪转化为积极的情绪。教练员要帮助运动员分析其优点，分析对手的缺点，找出运动员的长处并给予充分的肯定。

（三）过度自信

运动员对比赛过度自信，过高地评估自己，而低估对手的实力，甚至对对手不屑一顾，相信自己能够轻而易举地拿下比赛，即俗话说的“轻敌”。运动员在产生轻敌后，注意力分散，不重视即将开始的比赛，没有充分做好赛前的准备，自以为是。比赛中一旦遇到意想不到的困难或挫折，马上心情急躁，束手无策，影响其技术水平的发挥。预防运动员产生过度自信的关键，是要在赛前教育好运动员认真对待每一项的比赛，不管实力强与弱，必须正确对待比赛，这也是对其他运动员的一种尊重。要在赛前充分估计可能会遇到的各种困难与挫折，使运动员胜不骄、败不馁、遇强不惧、遇弱不懈，做好打硬仗的准备。

（四）注意力分散

运动员在比赛前由于主观或客观因素，不能把注意力集中在即将开始的比赛上，胡思乱想，反应迟钝。克服注意力分散要从平时的训练抓起，在日常的训练中要培养运动员专心致志、认认真真的良好习惯，可以进行一些专门的注意调节训练，在赛前通过情景模拟来提高抗干扰的能力。

（五）过度兴奋

运动员在赛前不能将自己的兴奋水平调节在适宜的程度或时间，兴奋过头或过早。兴奋过头会使运动员思维能力降低，注意力不能集中，情绪激动，比赛时动作变形；兴奋过早，则无谓地消耗了大量的能量，等到上场后感到四肢僵硬、软弱乏力，不能正常发挥竞技水平。预防运动员赛前过度兴奋的关键，是要在平时的训练过程中通过各种心理训练的方法提高运动员的自控能力和调节能力，使运动员的兴奋适宜、适时。

（六）消极淡漠

运动员在赛前兴奋过程下降，抑制过程加强，表现为无精打采、意志消沉、情绪低落、体力下降，对比赛缺乏信心，甚至不想参加比赛。克服消极淡漠的方法是，教练员要帮助运动员端正比赛态度，重树比赛动机，和运动员一起分析其有利条件，增强其自信心，鼓舞斗志，激发其参赛热情。

第五章　查拳的传承与保护

第一节　查拳作为非物质文化遗产的保护及认识

查拳是2008年入选国务院公布的“国家非物质文化遗产名录”的地方拳种，是鲁西文化中最具代表性和根深蒂固的回族传统体育文化。其悠久的文化传统历史、独特的拳术风格、精湛的表演技巧和鲜明的地域特色，成就了其在武术拳坛中不可替代的地位。但随着时代的变迁、人们生活方式的改变，查拳的现状不容乐观。据近几年的调查，习练查拳的人数逐渐减少，现存的查拳非物质文化传承人断代严重，没有新学徒加入，以及只能口传身授的教学方式，导致了查拳濒临失传的危机。正因查拳浓厚的文化底蕴以及严峻的现状，传承、保护和发展查拳这一传统武术文化刻不容缓。非物质文化遗产名录的收录对相关拳种在一定程度上虽然起到了保护作用，避免了因种种原因而导致某拳种失传的尴尬境遇；但是，现如今非物质文化遗产整体保护现状让人堪忧，很多地方“重申报、轻保护”，导致保护措施“后续无法操作、遗产依然在流失”的局面，很多地方对武术文化遗产项目存在认识模糊，不知道具体保护什么，该如何保护，那么我们有必要重新审视非物质文化遗产的传承与保护的问题。

一、将查拳作为非物质文化遗产来保护的意义

当前非物质文化遗产保护的形势关系到国家的文化安全、社会的和谐发展和民族文化的血脉传承。查拳作为非物质文化遗产，既是历史发展的见证，又是珍贵的、具有重要价值的文化资源。保护和利用好查拳这一非物质文化遗产，对落实科学发展观，实现经济社会的全面、协调、可持续发展具

有重要意义。

二、将查拳作为非物质文化遗产来保护的重要性

在经济全球化的形势下，西方一些国家极力在全世界推销其思想文化，在文化上推行“单边主义”，这威胁到其他国家的文化主权和文化安全。例如，近年来受跆拳道、空手道、剑道等外来武技项目的影响和冲击，我国传统武术已经处于社会文化的边缘地带。尤其是跆拳道项目以其鲜明的民族文化特征和简单易学的招式受到了广大青少年爱好者的追捧，在短短几年时间里就风靡全球，成为全球各国青少年追求的“时尚”运动。中华武术“博大精深”受外来文化的侵袭被排挤到边缘地带，深令武术界尴尬和痛心。保护不同民族、群体、地域的传统文化，维护世界文化的多样性，成为国际普遍关注的重要问题，包括中国在内的发展中国家已意识到保护本国非物质文化遗产的重要性。

三、将查拳作为非物质文化遗产来保护的必要性

非物质文化遗产与物质文化遗产共同承载着人类社会的文明，是世界文化多样性的体现。我国各族人民在长期生产生活实践中创造的丰富多彩的非物质文化遗产，其所蕴含的中华民族特有的精神价值、思维方式、想象力和文化意识，是维护我国文化身份和文化主权的基本依据，是连结民族情感的纽带和维系国家统一的基础。加强我国非物质文化遗产的传承与保护，不仅是国家和民族发展的需要，也是国际社会文明对话和人类社会可持续发展的必然要求。

第二节　查拳运动的发展现状及影响因素

一、查拳在民间的开展现状及影响因素分析

根据研究需要，我们对查拳发源地聊城以及发祥地济宁两地市进行了实地调研，包括群众的参与度、赛事的推广度、师资、练习形式以及训练场地、设施等基础条件调查，共发放300份调查问卷，回收300份，有效率100%。

（一）查拳锻炼者的基本状况

1. 查拳锻炼者的喜欢程度

查拳自创立之时起，就是在民间逐渐发展壮大起来的，如图5–2–1所示，查拳锻炼者们都喜欢或非常喜欢查拳这一运动，占被调查者的84.7%；14.3%的锻炼者对查拳的喜欢程度一般，不喜欢的仅占1.0%。通过对不喜欢的人群调查了解，他们对查拳运动不抵触也不喜欢，只是为了健身参与活动，因为身边朋友大多数锻炼身体时练习的是查拳，才参与其中学习交流。

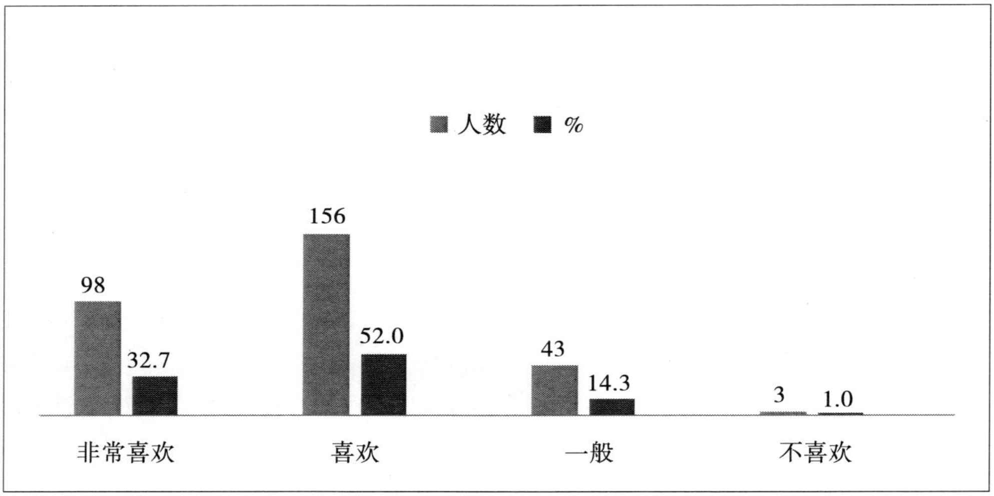

图5–2–1　查拳锻炼者的喜欢程度（N=300）

2. 查拳锻炼者对查拳发展现状的认知情况

锻炼者对查拳发展现状的认知，仅有32.0%的锻炼者认为查拳发展前景好或非常好；有68.0%的锻炼者认为发展前景不好或一般。主要原因：一是相关部门对查拳运动的扶持力度不高，训练设施缺乏；二是空余时间较少以及缺乏专业人士的指导；三是学龄段孩子们的学业较重，没有时间去练习查拳，这也是严重影响查拳推广的主要因素。（图5–2–2）

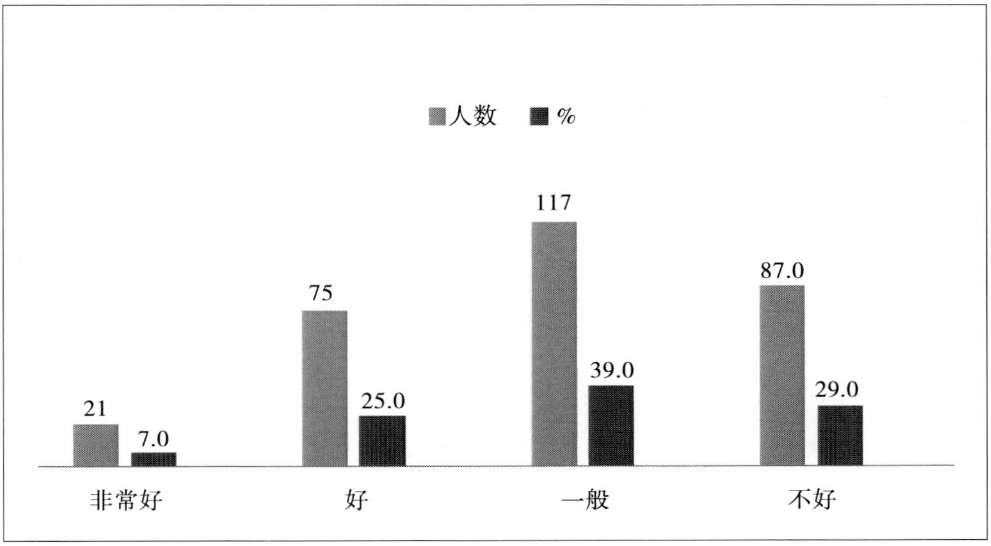

图5-2-2　查拳锻炼者对查拳发展现状的认知（*N*=300）

3. 查拳锻炼者的年龄与性别分布

从年龄结构上来看，练习查拳的主要人群集中在40～70周岁，占总调查人数的75.0%。61～70周岁的人最多，占调查者的35.7%，其次是51～60周岁，占调查者的25.0%，然后是41～50周岁，占调查者的14.3%；20～30周岁的人群相对较少，占调查者的13.3%；最少的是31～40周岁这个年龄段，仅占5.7%；71周岁以上的占被调查者的6.0%。通过数据分析50周岁以上的中老年人群人数较多主要是空闲时间相对较充足，加上身体健康状况慢慢地走下坡路，他们追求身体健康的意愿相对强烈；30～40周岁年龄段的人群较少，主要原因是来自工作与家庭的双重压力，一是上有老下有小需要照顾，二是他们是家庭的顶梁柱，经济来源的主要创造者，所以说他们锻炼的空闲时间较少。

从性别上看，练习者中男性占79.0%、女性占21.0%，男性锻炼者明显多于女性。造成这一现象的原因主要有以下两方面：一是查拳运动快速、干脆，蹲起、跳跃比较适合男性练习；二是女性退休后大部分时间被看护下一代的重任所占用。（图5-2-3）

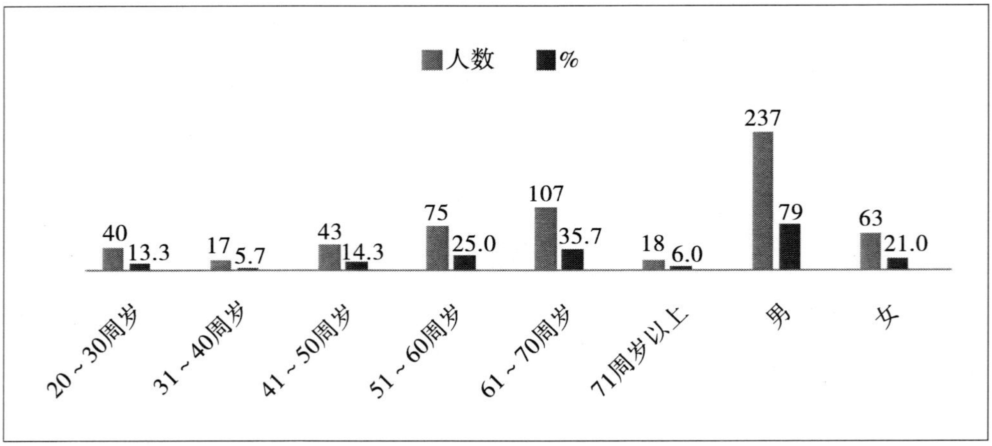

图5-2-3　查拳锻炼者的年龄与性别分布（N=300）

4. 查拳锻炼者的职业

调查发现，从查拳锻炼者职业状况来看，离退休者占44%，占的比例最大。离退休人员余暇时间较多，这是他们能够全身心投入健身运动的前提和基础，查拳是民族传统的健身方式，其特点是不需投入大量资金、场地建设等就可以进行练习，这恰好适应了老年人阶段的消费特点，练习查拳可以在一定程度上满足老年人的健身娱乐需要；其次是工人，占被调查者的29%、其他（自营者）占18%，这部分人由于工作性质的原因产生一系列的职业病，而查拳练习可以缓解肢体疲劳，减轻精神压力，使一些病痛可以因此而得到缓解，因此他们中的很多人愿意进行查拳这一项健身活动；干部占5%，教师和医生均占2%。（图5-2-4）

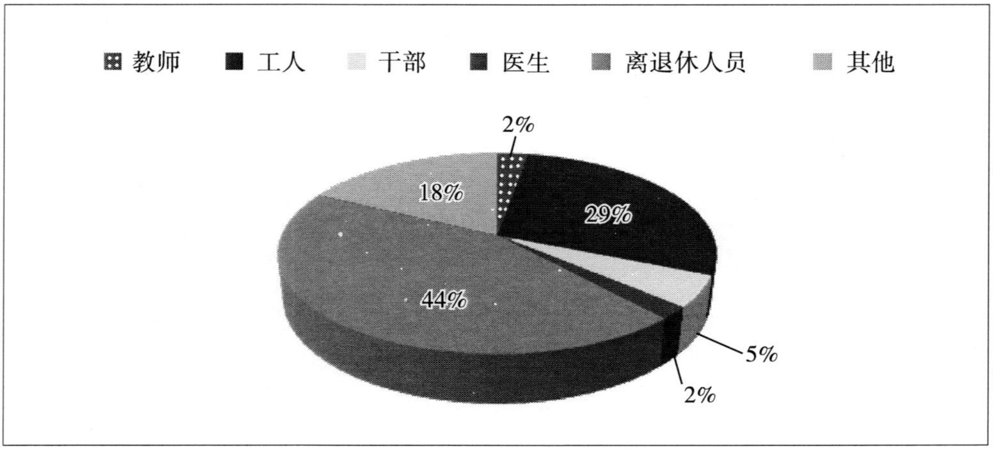

图5-2-4　查拳锻炼者的职业（N=300）

5. 查拳锻炼者参加查拳运动的动机分布状况

动机是驱使人们去活动的内部原因，而目的则是人们通过活动所要达到的结果。动机和目的是可以相互转化的，即目的也常常是有动机的功能[①]。查拳锻炼者之所以把查拳作为一种手段，是想通过查拳练习来满足他们自身的生理及心理需要。从图5-2-5中可以看出被调查的查拳锻炼者中，大多数锻炼者参与锻炼的目的是娱乐休闲和强身健体分别占被调查者的90.7%和89.3%，随着社会科技的不断发展，生态环境破坏严重以及文明病与亚健康的增加和工作压力的不断加重，促使人们选择各种方法进行身体锻炼；少部分锻炼者参与查拳运动是为了减肥塑身和人际交往分别占被调查者的66.0%和65.3%；其次是防病治病占被调查者的58.7%；因赶时髦，追赶社会潮流的人群只占29.0%。这一调查结果表明，查拳锻炼者的运动目的和动机较为丰富多样，在"增进健康"的基础上，认可了查拳的休闲娱乐功能与人际交往功能。

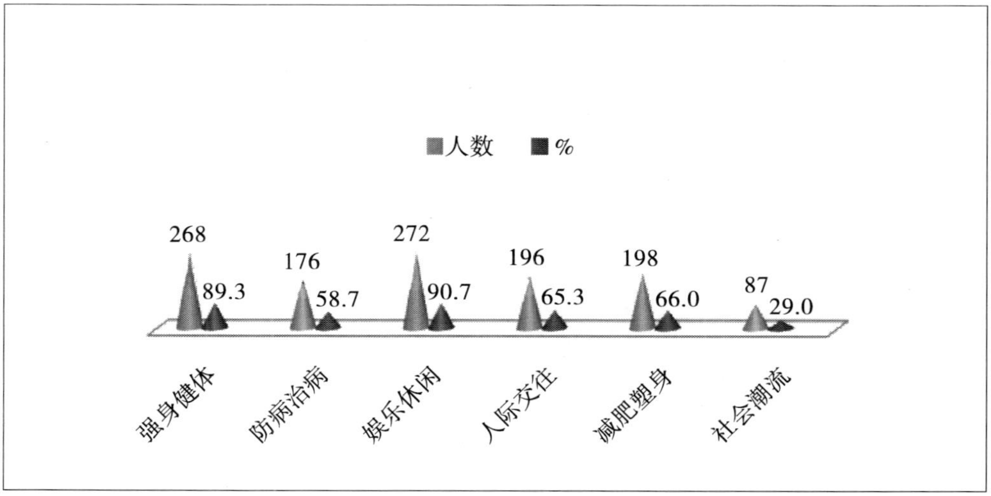

图5-2-5　查拳锻炼者练习查拳的动机（多选，N=300）

①马斯洛. 动机与人格［M］. 许金声，程朝翔，译. 北京：华夏出版社，1987.

6. 查拳锻炼者的文化程度

从被调查对象的数据上看（图5-2-6），具有中专或高中文化水平的最多，占被调查者的29.0%；第二位是具有初中文化水平的，占被调查者的26.3%；第三位是大专或本科文化水平的，占被调查者的23.7%；具有研究生学历的，占被调查者的12.0%；最少的是小学文化的，仅占被调查者的9.0%。中老年人在过去受到历史因素的影响，他们接受的正式教育较少，具有高中文化水平已属高学历，这说明聊城、济宁两地查拳锻炼者的文化程度较高。文化程度较高的人群比较了解生理卫生科学方面的知识，容易认识到体育锻炼对身体健康的促进作用，更容易理解查拳的运动、哲学和美学的原理，体育锻炼的意识也就越强。

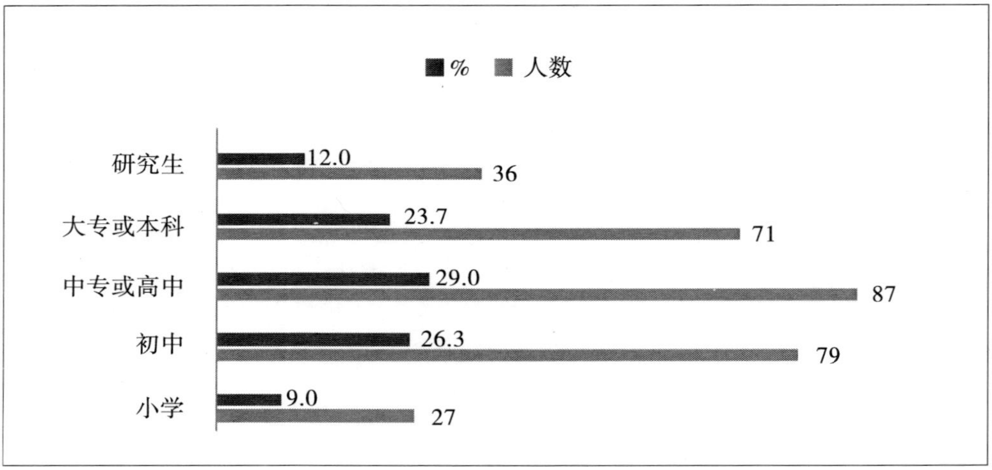

图5-2-6　查拳锻炼者的文化程度（N=300）

7. 查拳锻炼者练拳年限和练习时间安排

从表5-2-1调查结果可以看出，参加查拳运动的锻炼者态度积极，能够长期不间断地坚持锻炼，练习时间及频率相对稳定。查拳锻炼者的习练年限大部分都在3～4年，占被调查者的52.7%；还有15.0%的查拳爱好者练拳时间达5年以上；练拳时间在1～2年的初学者占被调查者的32.3%。

大部分查拳爱好者的锻炼时间为60分钟以内，占被调查者的62.3%，60~90分钟的占37.7%；查拳锻炼者练习时段的选择主要有以下三个方面，一是每天早上、上午、下午或晚上雷打不动地选择一个固定的时段来锻炼；二是每天时间不固定有时是早上，有时是上午、下午或晚上，什么时间空闲就选择那个时段来锻炼；三是无固定时段训练，如今天有空闲上、下午或晚上都可以去锻炼，只要身体没有疲劳感一天可以进行多时段的锻炼，今天没有空闲就不进行锻炼。但是大部分锻炼者还是选择早上锻炼，占被调查者的84.3%，其次是下午占79.7%，其他时间占58.7%。这与我们调查者多数是退休者这一群体有一定关联，老年人觉少起得早，同时早上环境好，较为安静，其他时间还要照看下一代，因此早上锻炼是这一群体的最佳时间。

调查显示，查拳锻炼者每周训练的频率大部分集中在每周训练3～4次，占被调查者的45.0%，周训1～2次占被调查者的34.0%，5次以上的占被调查者的21.0%。通过调查结果分析，查拳锻炼者的积极性较高，对查拳运动非常热爱，这些数据充分说明查拳在中老年人群中不仅推广范围大，而且群众基础相当深厚。

表5-2-1　练拳年限、时间、频率、时段统计表（N=300）

	练拳年限			活动频率（周）			锻炼时间（分）		锻炼时段（多选）		
	1～2年	3～4年	5年以上	1～2次	3～4次	5次以上	40～60	60～90	早上	下午	其他
N	97	158	45	102	135	63	187	113	253	239	176
%	32.3	52.7	15.0	34.0	45.0	21.0	62.3	37.7	84.3	79.7	58.7

（二）查拳锻炼者的活动状况

1. 锻炼内容的选择

查拳锻炼者练习的内容非常丰富，查拳套路有规定的、传统的，还有拳术徒手对练；器械有长兵器、短兵器、双兵器，更有各种器械的对练套路。从图5-2-7可以看出，查拳和器械练习的人数较多，分别占被调查者的92.7%和78.3%；练习对练的人数相对较少，徒手对练占被调查者的38.3%，器械对练仅占被调查者的27.3%。查拳因其简单易学，娱乐性、观赏性及优美性不逊于其他拳术，且活动量的大小容易控制，深受人们的喜爱。

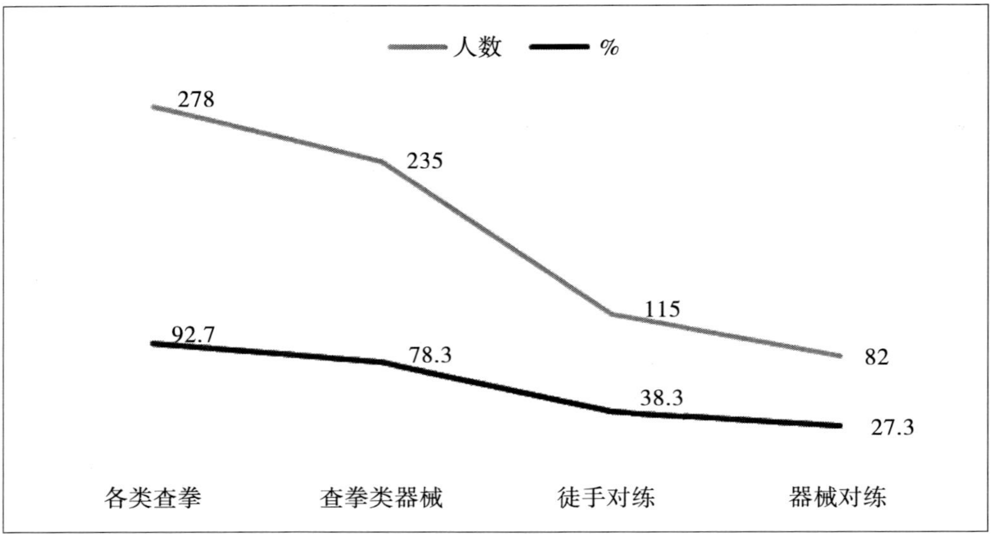

图5-2-7　锻炼者对查拳内容的选择（N=300）

2. 锻炼形式和地点

通过数据显示（图5-2-8），查拳锻炼者多是以个人的形式进行锻炼，占总数的59.7%，其中绝大部分是通过朋友学习或书籍、电视等资料自行学习，由于技术较差、错误动作较多，很少参与集体练习中；协会组织仅占15.3%；自发集体练习占25.0%，参加集体查拳的锻炼都是兴趣比较接近的，可以增进人际交往、缓解心理压力、延缓衰老、延年益寿，同时集体的锻炼形式便于切磋交流，可以促进技术水平的提高。

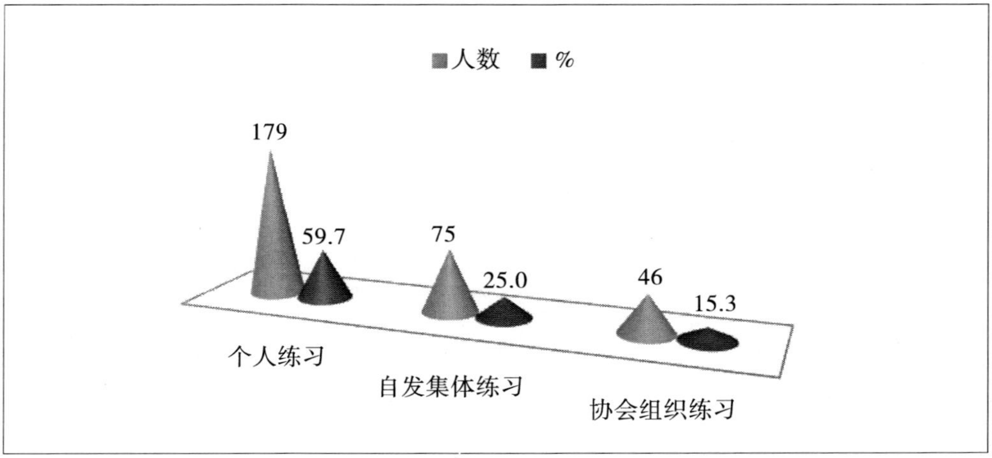

图5-2-8　查拳锻炼者的练习形式（N=300）

据图5-2-9显示，查拳锻炼者大部分选择在室外进行锻炼，经常去的锻炼场所为公园、广场和社区空地，分别占被调查者的87.7%、65.3%和55.0%，主要原因是场地空旷、空气清新、周边健身人群多、锻炼氛围较好，能够调动其锻炼的积极性，再就是没有开放性的大的武术训练馆；室内健身场所主要是家里的客厅和专业的训练馆，分别占被调查者的11.7%和7.6%，选择在客厅内锻炼的主要原因是不喜欢到人群密集的地方，在家主要练习一些基本的功法动作，大部分为初学者的中年人。去训练馆锻炼的人群最少，且均是某拳馆的会员、学员或者徒弟等，有专门的教师跟踪指导，所以他们的训练水平也较高。

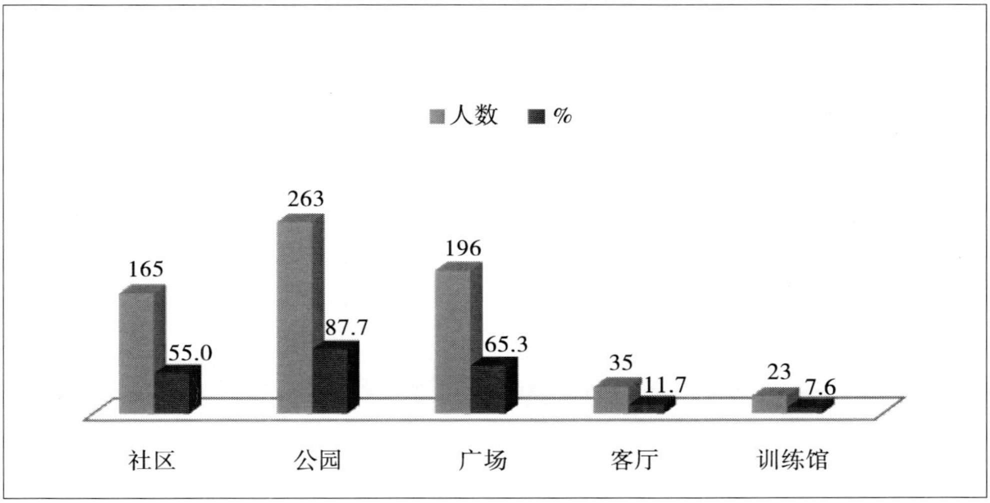

图5-2-9　查拳锻炼者练习场所（*N*=300）

3. 接受指导的情况

调查显示（表5-2-2），查拳锻炼者接受教练员（辅导员）指导的仅占被调查者的45.3%，有54.7%的查拳锻炼者得不到专业教练员（辅导员）的指导。他们接受指导的频次也相对较少，大多数人是1个月接受1次指导占被调查的24.3%，2周接受1次指导的仅有14.0%，1周1次的仅占7.0%。因此，锻炼者练习查拳的水平参差不齐。查拳锻炼者对查拳辅导的意愿，有高达89.7%的锻炼者希望增加指导的次数，也有10.3%的锻炼者持无所谓的态度。接受专业人员的指导对人们掌握查拳运动的方法、技术起着重要作用，有利于居民较快、较好地掌握技术动作。

表5-2-2 锻炼者接受教练员（辅导员）指导情况统计表（N=300）

指导情况	辅导次数			无接受指导	总计	希望增加次数	无所谓	总计
	1周1次	2周1次	1月1次					
N	21	42	73	164	300	269	31	300
%	7.0	14.0	24.3	54.7	100.0	89.7	10.3	100.0

4. 社会互动情况

通过调查显示（表5-2-3），查拳爱好者们参加社会互动的情况，主要是参加查拳比赛、商业演出、大型文化活动汇演以及传统节日的查拳表演。参加大型活动的要比参加比赛的人数多，参加过大型活动的占被调查者的80.7%，没有参加过的仅占19.3%，经常参加各类活动演出的人数有35.7%；参赛情况根据统计参加过比赛的人数占被调查者的63%，经常参加的仅占24%，偶尔参加比赛的占39%，从没有参加过比赛的占37%。他们参加大型活动或者比赛的组织形式大部分为自发组织，占被调查者的48%，社团组织的占29.7%，协会组织的最少，仅占22.3%。

表5-2-3 查拳社会互动情况统计表（N=300）

参赛情况	N	%	大型活动	N	%	组织形式	N	%
经常参加	72	24.0	经常参加	107	35.7	协会组织	67	22.3
很少参加	117	39.0	很少参加	135	45.0	社团组织	89	29.7
没有参加	111	37.0	没有参加	58	19.3	自发组织	144	48.0

（三）影响查拳运动普及和发展的主要因素分析

在对查拳锻炼者的调查中，他们认为影响查拳运动普及与发展的主要因素有比赛交流较少、宣传力度不够、场馆设施不足、缺乏统一管理、专业教师和专业辅导缺乏六个方面的因素。

据图5-2-10显示，比赛交流少和宣传力度不够占到了最大比重，分别占被调查者的92.3%、88.3%。实践是检验学习、训练效果最有效的工具，同时在比赛中可以发现动作规范性方面的不足，发现优缺点，有利于技战术水平的不断提高。政府、媒体缺乏对这项健身运动的大力宣传，只有加大其宣传力度，扩大社会影响，才能为它提供一个很好的社会氛围；其次是场馆设施不足和缺乏统一管理，分别占被调查者的85.7%和77.3%；最后是专业师资和专业辅导的缺乏，分别占被调查者的66%和72%。有专业教师和辅导员的指导是提高锻炼者查拳技术水平的关键，因此，要使这一传承几百年的文化遗产得以继续发扬光大，这方面的梯队建设就显得尤为重要。

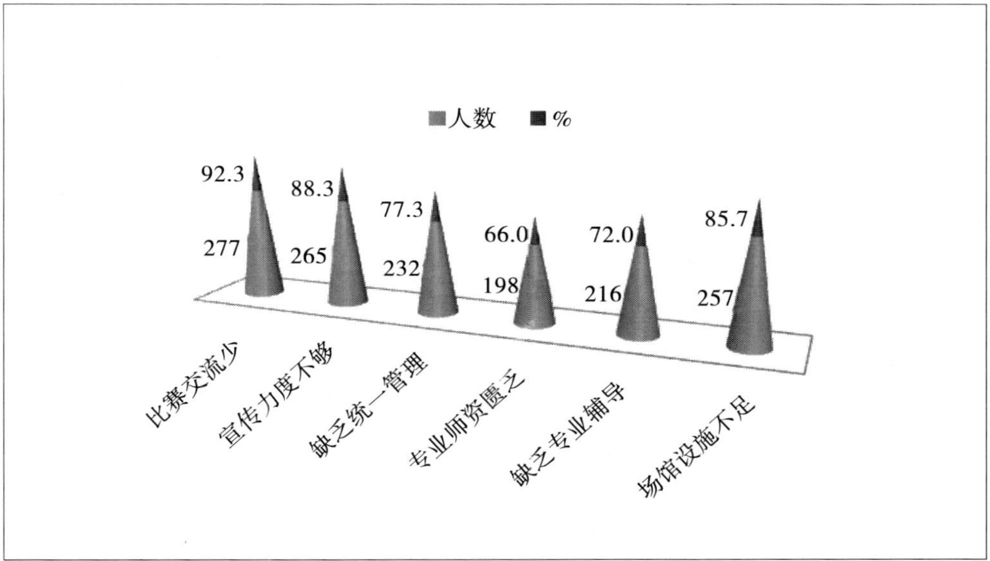

图5-2-10　影响查拳发展的因素（多选，*N*=300）

二、查拳在中小学的发展现状及影响因素分析

随着外来文化的入侵，西方体育运动项目在我国盛行，学生们可选择的运动项目也越来越多，他们可根据自己的兴趣与爱好来选择运动项目，受当前体育活动多样化的冲击，我国一些优秀的传统体育项目正在被慢慢地侵蚀并逐渐淡化出我们的视线。学校是学习和传承我国优秀传统文化的教育圣地，如何将我们的优秀传统文化发扬光大，学校是重中之重，正如毛主席所说的“教育要从娃娃抓起”。学龄段是人生的起始阶段，既是是非观念初步形成的重要时期，也是其道德行为初步形成与发展的重要时期。武术教学始终秉承着“未曾习武先学礼、未曾习武先修德”德育教育功能的灌输，因此学龄段的学生应该多受我国优秀传统文化教育的洗礼，使其成为明事理、守

规矩、讲礼貌，具有爱国情怀的优秀少年，将来成为我国优秀传统文化的传播者与守护者。

（一）查拳在中小学的发展现状

我们对查拳在中小学推广现状进行了实地调查，聊城5所小学、5所初中、5所高中，济宁5所小学、5所初中、5所高中，共计30所中小学，每所学校发放50份调查问卷，共发放1500份问卷，回收1500份，回收率100%。

1. 中小学生对查拳的喜欢程度及参与情况分析

如图5-2-11所示，查拳在中小学受欢迎程度还是比较高的，占被调查者的83.0%，其中非常喜欢的占18.7%，比较喜欢的占25.0%，一般喜欢的占39.3%。这说明中小学生对查拳教学是有着浓厚兴趣的。但是调查结果显示，高达73.7%的同学没有接触过查拳，学习过查拳的仅占26.3%。

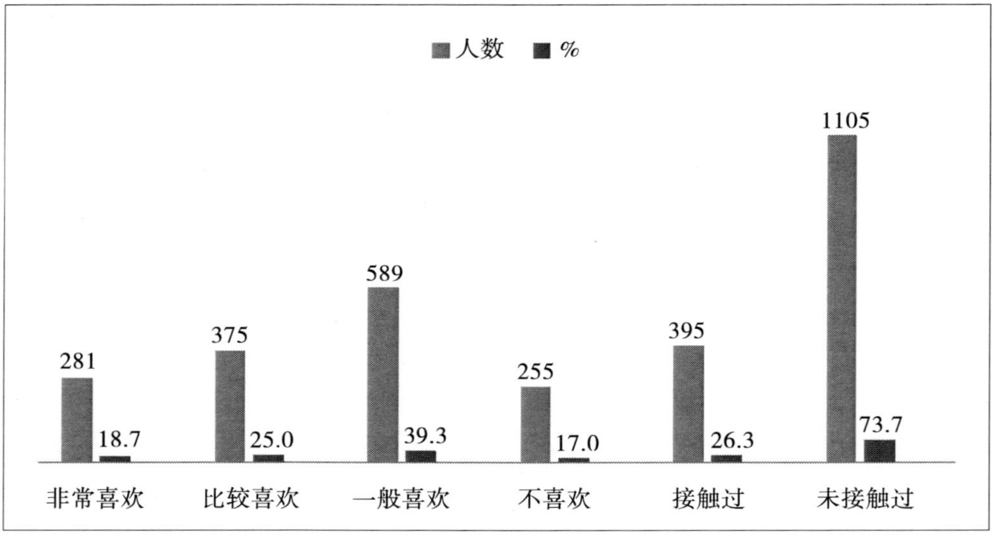

图5-2-11　学生对查拳的喜欢程度及参与情况（N=1500）

2. 中小学生对查拳的认知情况分析

通过图5-2-12可以看出，学生们对查拳运动的认知水平还是比较高的，认为学习查拳非常有意义的占被调查者的28%，有意义的占42%，一般的占29%，没有意义的仅占1%。从调查结果我们可以看出，学生认为学习查拳还是比较有意义的，通过学习查拳可以达到防身自卫、健康成长的目的，同时对缓解学习压力、传承优秀民族文化都有着积极的促进作用，学校已成为弘扬中华民族优秀文化的重要阵地。

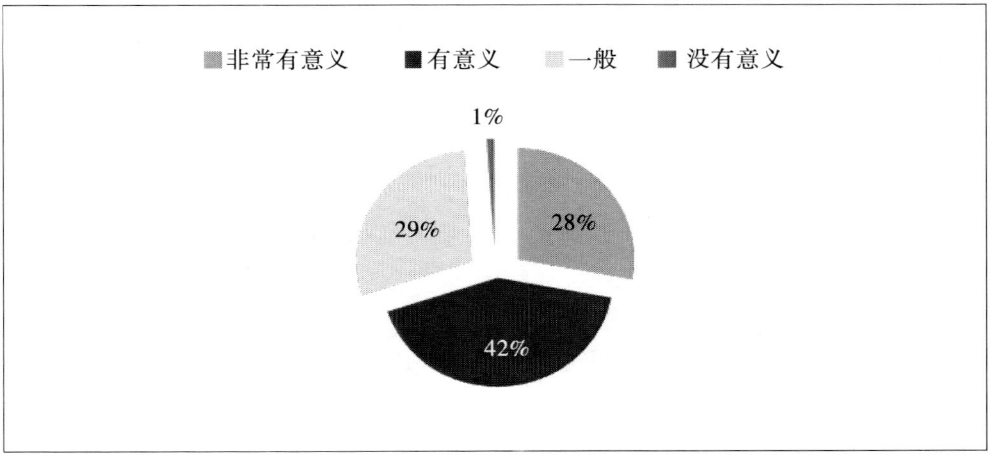

图5-2-12　中小学生对查拳运动的认知情况（N=1500）

3. 查拳在中小学的开展情况分析

从调查的中小学中可以看出，10所小学中有4所小学开设了查拳课程，10所初中仅有2所开设了查拳课程，高中调查的10所学校有5所开设了查拳课程。（图5-2-13）

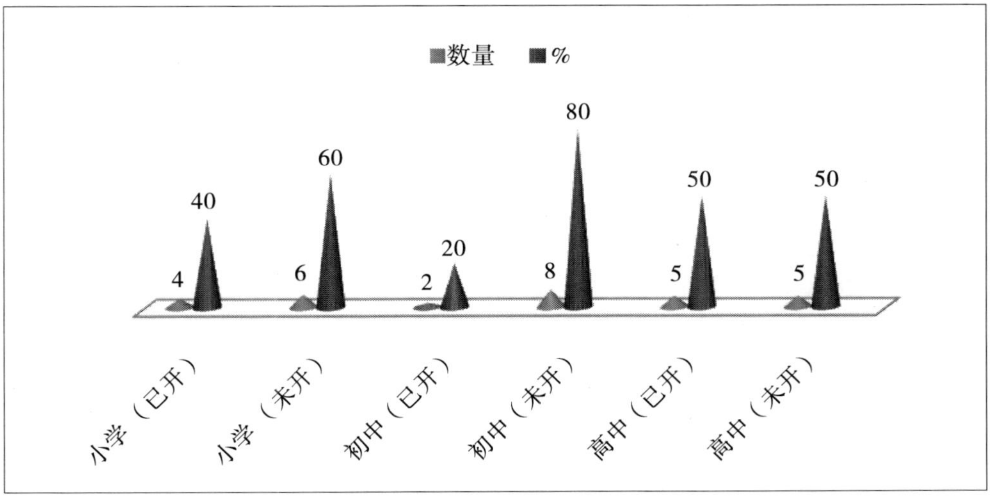

图5-2-13　中小学查拳开展情况统计（N=30）

4. 学校对查拳运动的重视程度

从图5-2-14可见，仅有少部分学校比较重视查拳的教学，占被调查者的20%，有27%的学校不重视，53%的学校不排斥也不提倡，持无所谓的态度。大部分学校对查拳教学缺乏必要的热情和认识，从而影响了查拳的教学以及在学校的普及与推广。

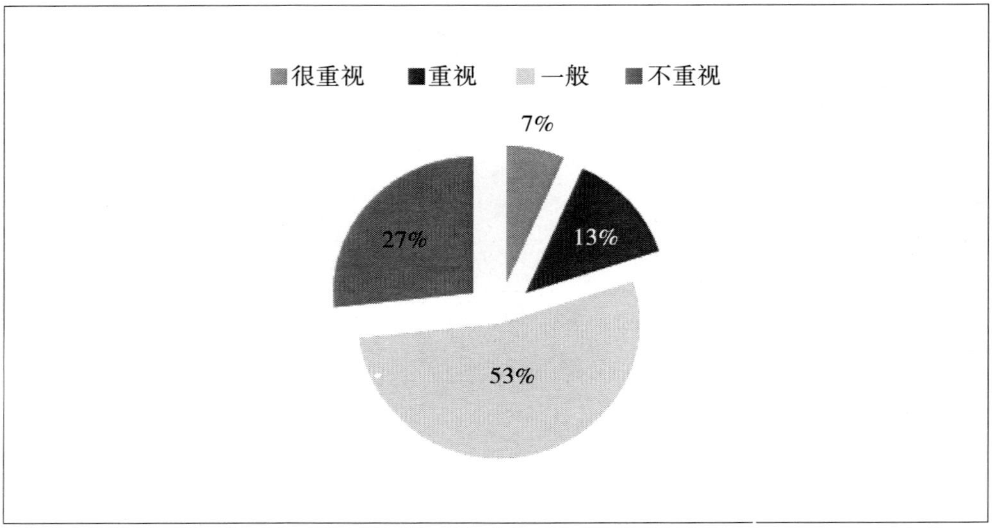

图5-2-14　学校重视程度（*N*=30）

5. 查拳组织练习形式

开设查拳的学校练习查拳的组织形式有固定的大课间操、体育课堂，也有分散的自己复习和学生间自由组织练习四种形式。小学全部采用由教师统一组织的体育课堂或大课间操进行集体训练，初中主要是采用体育课堂和学生间自由组织的分组练习形式，高中则多了自己复习、自由体会的教学环节，高中生与小学、初中生相比能够自觉、独立地进行相关训练。采用体育课堂教学的形式最多占81.8%，初中和高中全部都有专门的课时练习查拳，特别是高中有很多以武术为特长的体育考生；其次是学生间自由组织的练习形式，占54.5%；自己复习的占27.3%，且全部来自高中；大课间操占18.2%，且全部来自小学。（表5-2-4）

表5-2-4　中小学查拳组织形式情况统计表（N=11，可多选）

组织形式	小学	%	初中	%	高中	%	合计	%
大课间操	4	18.2	0	0	0	0	4	18.2
体育课堂	2	18.2	2	18.2	5	45.4	9	81.8
自己复习	0	0	0	0	3	27.3	3	27.3
学生间自由组织	0	0	2	18.2	4	36.4	6	54.5

6. 学校专职武术教师师资情况

在中小学正常开展查拳教学，每个学校至少要配有1～2名的专业武术教师才能够胜任，在开展查拳教学的11所学校里有专职武术教师的有5所学校，占被调查的45%。其中有3所学校武术教师配比够用，全部采用在职武术教师授课，占27%；有2所学校在职教师不够用需外聘武术教师授课，占18%；没有武术专职教师的学校有6所，占55%。其中全部采用外聘武术教师担任查拳教学的学校有2所，占18%；有4所学校采用的是由其他体育教师兼任查拳的教学，占被调查者的37%。（图5-2-15）

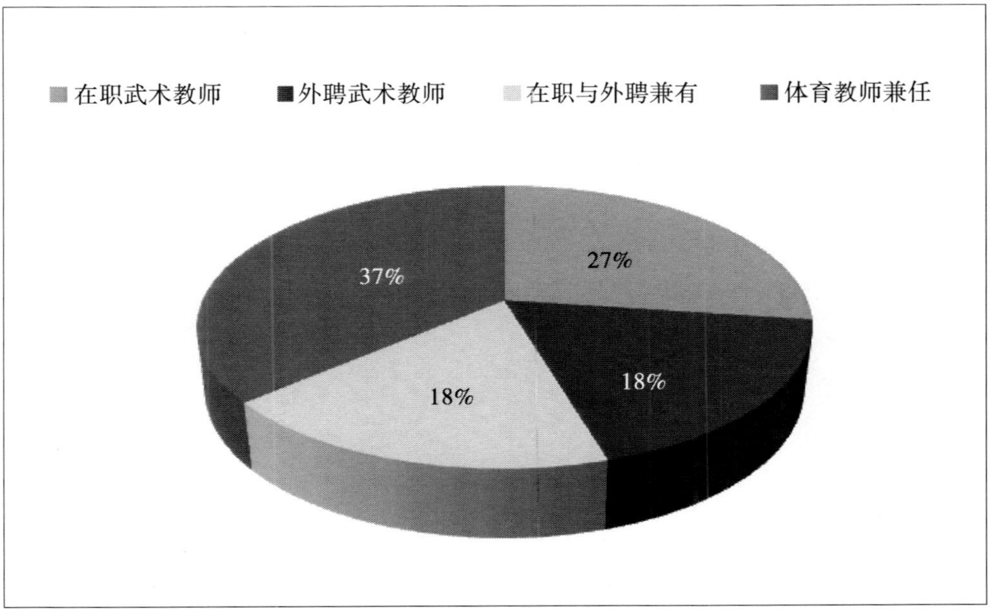

图5-2-15　师资情况统计（N=11）

从上述数据来看开展查拳教学的学校，能够胜任查拳教学的仅占63%，虽然有的学校没有在职的武术教师，但是通过外聘等方式弥补了武术教学上的短板，在查拳相对普及度较好的发源地和发祥地师资配比还未达到要求，因此查拳在全国推广与普及之路上任重而道远。

7. 查拳训练场地与次数情况

通过数据（表5-2-5、表5-2-6）可以看出中小学的训练条件一般，没有专业训练场地等设施，大部分集中在室外的田径场和空旷的水泥地上进行练习，分别占被调查的54.5%和18.2%，田径场地凹凸不平、水泥地面硬且滑，非常容易使学生们受伤；在室内训练的仅占27.3%，基本上是篮球或排球等球类室内场地，地面是木地板，没有地毯，虽然比室外的训练场地要好很多，但是由于木地板与学生穿的胶皮鞋底摩擦力较大，也不适宜专业性强、难度大的武术动作练习，且训练中经常相互干扰，有的学生也反映在训练中时不时地会有球飞过来，这也是非常危险的。他们的训练密度还是可以的，有45.4%的学生每周训练达到了3次，周训2次和1次的均占27.3%。当务之急是投资建设专业武术训练的场馆或场地，合理安排训练课程，避免球类和武术课同时在一个场地训练的情况，为他们训练提供有力保障。

表5-2-5　中小学查拳训练场地情况统计表（N=11）

场地	训练地毯	田径场	室内球馆	水泥地面
N	0	6	3	2
%	0	54.5	27.3	18.2

表5-2-6　中小学查拳训练次数情况统计表（N=11）

次数	周训5次	周训4次	周训3次	周训2次	周训1次
N	0	0	5	3	3
%	0	0	45.4	27.3	27.3

8. 学生参加社会互动情况

武术竞赛紧张激烈，其意义体现在它能极大地激发学生们的运动潜能，实现自我人生价值，释放生活和学习中的压力，不仅提升了学生们的团队合作精神，更是培养了其集体荣誉感和自豪感，从而获得一种精神归属感。根据调查显示（图5-2-16），接触过查拳锻炼的395名学生中经常参加各类查拳比赛或表演的占被调查者的49%；偶尔参加比赛或表演的占29%；从未参加过任何比赛或表演的占22%。说明查拳赛事开展得不够全面，举办得相对较少，不能满足学生们的需求，同时也影响了查拳运动的传承与普及。

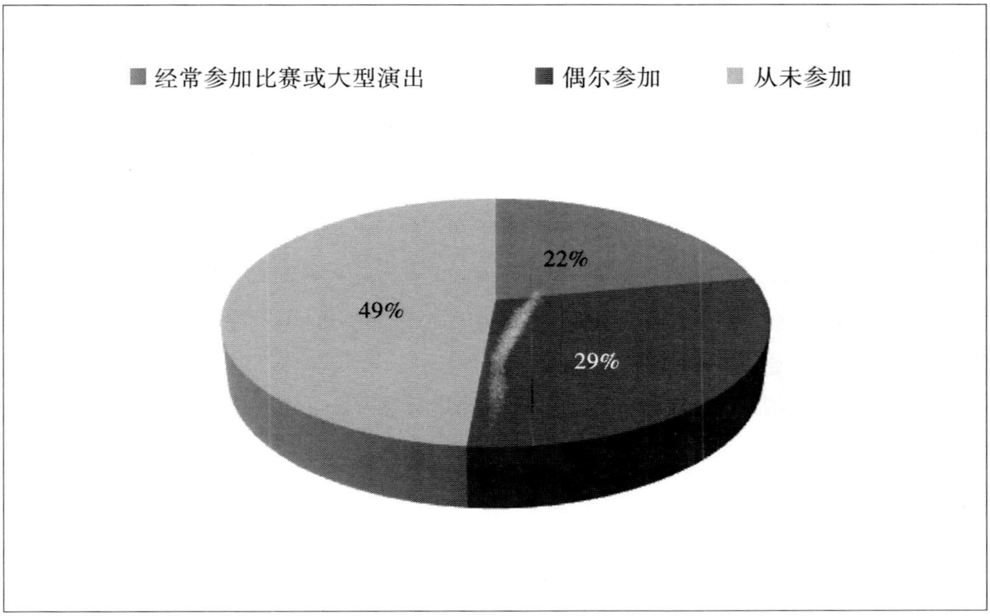

图5-2-16　学生参加各类比赛或表演情况（N=395）

（二）影响校园查拳发展的主要因素分析

影响查拳在校园推广与普及的因素是多方面的。主观因素主要是缺乏专业教师的指导，占被调查者的86.3%。因此，要使这一非物质文化遗产得以继续发扬光大，这方面的梯队建设就显得尤为重要；其次是学习任务繁重没有充足的时间和精力，家长则认为学生时期应该以学习为主，学生学习查拳的意愿得不到家长的允许，分别占被调查者的78.5%、65.1%；客观因素主要是学校重视程度不够，场馆设施的建设不完善，分别占被调查者的90.9%和73.1%；58.5%的人认为比赛交流活动较少。实践是检验学习、训练效果最有效的工具，同时在比赛中还可以发现动作规范性方面的不足，发现其优缺点，有利于学生技术水平的不断提高；还有21.9%的学生认为练习查拳没有意义，其他原因的占11%。（图5-2-17）

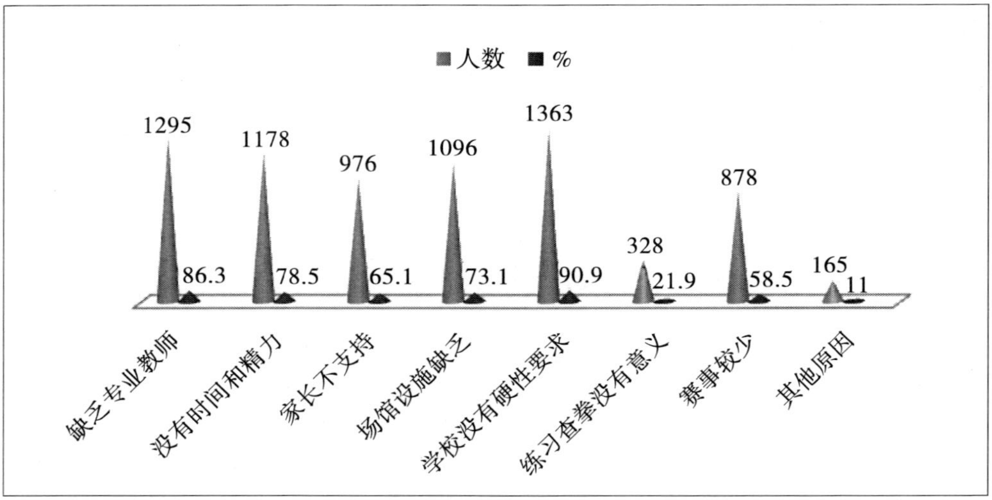

图5-2-17　影响校园查拳发展的主要因素（N=1500）

第三节　查拳运动推广策略研究

查拳始于民间，传播于社会，不仅是一项强身健体的运动项目，也是文化事业发展的组成部分和具有独特优势的社会资源。充分融合了中国传统的哲学思想，积淀了厚重的民族底蕴和丰富的民族文化内涵，具有较高的健身、健心价值，但是由于自身的发展历史和文化环境，查拳没有得到很好的发展。为了使查拳这项健身运动能够被人们所接受，应安排教练员（社会体育指导员）增加训练及辅导的次数，加大宣传力度及创造比赛交流的机会，合理地进行组织及管理。

一、增加资金投入，加强基础设施建设

增加资金投入是城市社区武术休闲活动顺利开展的有力保证，政府必须加

大对城市社区居民查拳健身活动的人力、财力和物力的投入，发动力量解决协调场地问题，相关行政单位、体育部门必须在财政预算中纳入查拳健身活动经费，保证其正常开展。社会各界通过多渠道筹集建设资金，广泛联系社会力量，利用社会与个人赞助、群众集资等方式，根据查拳活动的实际需要增加建设室内体育场馆，利用现有的体育场地设施，向查拳爱好者免费开放其他活动场所，改造和重建社区居民健身的场所，加大体育场地设施的建设力度，缓解现有查拳活动场地设施不足的压力，为社区增加查拳健身活动氛围，增强居民参与查拳健身活动的积极性。

二、政府应加大对查拳投入的力度

贯彻并落实《全民健身计划纲要》，丰富社区的体育文化生活，查拳运动应积极响应国家号召，抓住机遇，全面推动查拳项目的发展。政府部门应加强与上下级相关部门的沟通和协作，扩大社区体育活动经费来源，加大适合查拳运动场地的建设投资，引进高水平体育专业管理人才，加强对社区查拳练习者的培养，加大相关人员的资源整合。制定一套体系化的管理制度，对其发展进行合理的规划，并量身定制配套的评价机制。社区查拳方面，对义务教授查拳的人员给予适当的物质补偿，加大对查拳的宣传力度，让人们广泛认识查拳，并积极参与。加大对查拳专业人才的引进。为避免恶劣天气对练习的影响，适当地增设查拳室内场馆，建立社区查拳协会，定期进行培训，增加社区内查拳的交流与比赛。

三、加大查拳宣传及管理的力度

就目前来看，传媒介绍和宣传查拳的内容及形式仍然较少，大多数查拳练习者反映最为强烈的、阻碍查拳运动发展的最重要的问题就是宣传力度不到位。信息时代的到来，必须通过各种传媒和媒体，从多方面营造查拳健身活动的氛围来增强人们对查拳健身活动的认识。通过电视、网站、微博、微信等多种现代化信息平台加快查拳健身活动的传播速度，利用其特有的传统文化魅力吸引广大城市社区居民的注意力，加大查拳休闲活动在社区的覆盖面，增进城市居民对查拳健身活动的了解，使广大查拳爱好者可以在很短的时间内快速观赏、体味到查拳健身活动的独特魅力，认识到查拳休闲活动的趣味性及给人身体带来的健康作用，从而提高城市社区居民参与查拳健身活动的积极性和主动性。规范查拳的练习秩序，改变现有的松散、无组织的局面，在当地查拳协会及全民健身工作领导小组的引导下，带动市民健身活动更为广泛地开展。当然，有关部门的这些管理和组织起到的仅是引导和服务的作用，决不是强制性组织。

四、推广查拳进校园，打造地域特色学校

学校是培养国家各类人才的摇篮，查拳运动进校园有利于培养大量社区所缺乏的人才，将查拳运动引入校园，可以充分调动学生的积极性，让教学内容得以丰富，减少了单调乏味的情况发生。在校园开展查拳教学能够提高学生对查拳的认识，这对传播和传承我国民族传统体育文化有着直接有效的作用。将查拳项目引入学校教育是对国家政策的一种响应，其可促进民族传统体育的传承。创新办学模式，将查拳列入济宁、聊城各中小学的体育课程内，打造有地域特色、时代特色的学校，促进查拳的传承与发展。同时学校应培养组织查拳表演竞技队伍积极参加全国中小学生武术锦标赛，使大家知道查拳，了解查拳，练习查拳。

五、加强查拳教练员和裁判员的队伍建设

教练员对查拳动作的规范、组织训练起到了核心作用。查拳教练员的水平对查拳运动竞赛成绩有很大的影响。针对查拳教练员的实际情况，在加强查拳教练员队伍建设的同时，定期组织查拳教练员、裁判员的学习、交流及考核。完善查拳教练员的专业知识结构，学习先进的科学训练方法、了解查拳发展的最新动态。查拳裁判员在竞赛中起着至关重要的作用，所以，加强查拳裁判员的规则学习、德育学习，将竞赛情况向教练员及时反馈，指出存在的问题和值得表扬的地方对提高查拳竞赛水平具有重要意义。

六、优化竞赛体制改革，建立现代化竞赛制度

竞赛体制改革是一个动态的、长期的过程，需要在实践中进一步探索、完善。竞赛体制改革的目的是社会化、规范化、产业化，使查拳运动竞赛牢固地建立在全社会支持的基础上。其中最为根本的一条是能够发挥竞赛的多元功能，为经济发展和社会进步服务。通过制定法规、政策进行宏观调控，做到领

导有核心、组织结构有层次、项目发展有依托，形成与社会经济相结合，集中与分散相结合的查拳竞赛管理体系，并结合查拳运动竞赛实际情况，建立权责明晰、科学管理、依法治赛、市场与计划相结合的现代查拳竞赛管理制度。培育和发展查拳竞赛市场是竞赛发展的战略之重，我们要通过提高竞赛水平来推动查拳竞赛市场的开发，充分利用市场规律来促使查拳竞赛形式的多样化和资金来源的社会化，只有面向市场、依托社会，查拳运动竞赛才会拥有无限生机，才会在市场经济条件下具备持续发展的能力。

七、提供查拳锻炼者学习交流和切磋观摩的机会，激发锻炼者的积极性

目前查拳健身运动正处于自我盲目发展的状态， 尽管成立了一些协会和俱乐部，但是协会和俱乐部内部的竞赛交流活动和协会与协会、俱乐部之间在同一场合下进行的竞赛、交流和观摩活动比较少。并且比赛的制度、规则不规范，时间也不确定，查拳段位制和武术竞赛规则及体制不够完善。这样，广大群众缺乏开展查拳运动的精神鼓励，使当前的查拳运动生机不够、活力不足。就事实来讲，查拳练习者非常需要通过比赛来表现自己、证实自己，得到社会的认可，这会从心理上满足练习者的需要，从而鼓励练习者提高练习查拳的积极性，促进整个社会的查拳健身活动。有关部门应该根据社区查拳、校园查拳的实际情况，多方兼顾，促进协会间的观摩、交流，制订专门的群众性查拳竞赛计划，制定专门的竞赛规则和竞赛办法，采用适当的精神鼓励法和适宜的物质鼓励法，去激发查拳练习者自发练习的积极性，以此来促进查拳运动的发展。

第四节　查拳运动的传承与发展保护机制研究

一、立法保护机制

《中华人民共和国非物质文化遗产法》是为了继承和弘扬中华民族优秀传统文化，促进社会主义精神文明建设，加强非物质文化遗产保护、保存工作而制定的。由中华人民共和国第十一届全国人民代表大会常务委员会第十九次会

议于2011年2月25日通过公布，自2011年6月1日起施行，从此拉开了用法律手段保护非物质文化遗产的序幕。但是我国传统武术等非物质文化遗产保护工作的进程相比于亚洲其他国家启动较晚，相关法律法规的颁布和实施相对不够完善。虽然我国政府重视通过法律保护非物质文化遗产，但就武术非遗而言，法律保护工作存在一定的不足，如相关法律条款比较零散，实用性较差，武术专项立法建设相对缺失。因此应加快武术非遗专项立法，并明确规定武术非遗保护的各项具体要求。要根据查拳制定《查拳保护条例》，以单行条例的方式对查拳进行保护，只有加强立法保护，才可以防止查拳因被滥用而产生变异，导致完整性和真实性遭到破坏，避免查拳失去被认可、被吸收的价值内涵。

二、强化活态载体“传承人”的保护机制

非物质文化遗产的保护归根结底是“继承与发展”，即对“传承”及“传承人”的保护。传承与发展的核心是围绕着传承人及其传授活动而建立的传承与保护制度，没有传承人的继承与推广，非物质文化遗产势必消亡。只有建立科学的传承制度保护好活态的传承人，查拳这一非物质文化遗产才能得到良好的延续与发展。因此，建立活态载体“传承人”的保护机制是非物质文化遗产传承与保护的重要组成部分。

建立科学有效的非物质文化遗产传承机制，可通过给予查拳传承者授予称号、表彰奖励、资助扶持等方式鼓励传承人进行传习活动。通过社会教育和学校教育，使查拳这一非物质文化遗产的传承后继有人。主要包含以下几方面内容。

（1）提升对民族传统文化的文化自觉。高度的文化自觉是文化可持续发展的前提，只有在充分肯定自身文化价值的基础上，我们才能更好地发展民族传统文化。各级政府还应客观全面地了解地方文化和民族文化，积极参与非物质文化遗产的保护工作，不要做文化的旁观者或看客，应积极引入相关的激励政策，加大媒体宣传形成全社会的合力，引导广大人民群众参与到非物质文化遗产的传承与保护中来。

（2）提高非物质文化遗产传承人的社会地位和待遇。通过给予查拳继承人应有的社会、政治、经济地位，对相应的职务和职称进行分级、评定，并享受相应的政府特别补贴；参照国际社会科学基金和自然科学基金的申请制度，通过项目专项资金、重大项目和年度项目招标等方式，促进科研人才的培养，鼓励科研人才的涌现。同时，政府应鼓励继承人以师徒的方式继承传统，为其

传承提供帮助。

（3）落实校园查拳运动的推广。积极将查拳作为地域特色列入中小学体育教学大纲中去，编写查拳相关教材，建设校园武术文化，突出地域特色，以扩大查拳这一非物质文化遗产的知名度和影响力。

（4）充分利用民俗文化节等平台弘扬、宣传查拳运动。非物质文化遗产民俗活动众多，可以通过这些民俗节日搭建宣传查拳这一非物质文化遗产的平台，得到政府一定的资金支持和鼓励，尊重当地法律文化，做好各种节日和民俗的管理工作，使之得到健康发展。

（5）政府成立相关法律援助机构。协助非物质文化遗产继承人申报知识产权，并有效保护非物质文化遗产的资源权利和继承人的知识产权。

三、数字化保护机制

“数字化”背景下，查拳建设是以“数字化”为理念先导，积极探索“数字化查拳”的实现路径，使查拳的资源更加多样化、数字化、异构化、个性化和移动化。充分地应用互联网、物联网技术，对查拳的馆藏图书资料进行信息化、网络化管理，将原本相对孤立、碎片、分散的图书资料实现数字化整理，图书信息资源得以充分地整合，使查拳爱好者可以利用移动终端设备，随时随地登录网上数字图书馆浏览查拳相关书籍，突破传统图书馆浏览的时空局限性。此外，查拳的信息资源共享能够有效地满足查拳爱好者之间的学术交流，发挥数字化图书资源的利用率，提供全面的信息资源服务。

“数字化”深度融入查拳建设，使查拳由传统的知识型向数字化转变，颠覆了传统服务模式，整合、丰富了查拳资源。数字化查拳建设成为时代发展的必然趋势。习近平总书记在网络安全和信息化工作座谈会上指出，将互联网发展视为适应新常态、深化新常态、促进经济社会发展的重要“新动力”，实现“大作为”。互联网时代，促进了各类要素在不同区域、不同行业间的流动，也为查拳发展提供了新的发展机遇。“数字化”背景下查拳保护机制建设对策：内容上整合所有资源；技术上融合智慧管理；应用上线上线下互联；需求上“云物大智”引导。

四、协同保护机制

协同保护机制是以查拳运动的自身功能作用为基础，实现多部门协同和全社会参与，以实现查拳运动在保护与传承、开发与发展以及产业一体化的协同发展机制，实现以政府部门为主导协调各部门发展，最大限度地满足群众体育需求，以及产业化经济效益的查拳“大集团”发展模式。它的运行机制是政府和社会、市场三者的共同协作发展。（图5-4-1）

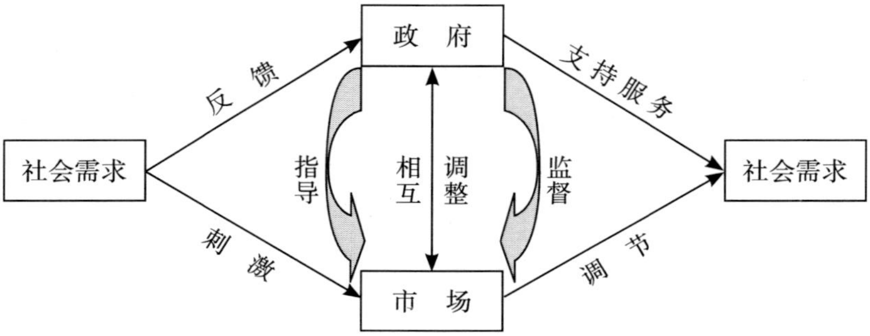

图5-4-1　查拳协同保护与发展模式

健康是人全面发展的基本条件和基础，是社会经济发展的基本条件，是一个民族繁荣和文明进步的重要标志。近年来，随着中国经济和社会的稳步快速发展，人民生活水平显著提高，人们对健康的需求得到了迅速释放。根据供求理论，市场的重要功能之一是根据社会的需求提供相应的产品以满足社会需求，市场需要根据社会的不同需求提供不同的产品。当市场供给满足甚至超过社会需求的产品时，产品就会贬值，这时市场为了运行就会不断创造新产品，导致社会需求的变化。政府的作用是监督和促进保护与发展的协调模式。政府要根据社会的健身需要制定相关政策，为市场的发展提供依据。

第六章　查拳经典套路例解

第一节　四路查拳经典组合解析

查拳属于长拳类范畴，是一种姿势舒展、动作灵活、快速有力、节奏鲜明并有窜蹦跳跃、闪展腾挪、起伏转折和跌扑滚翻等动作与技术的拳术。查拳主要方法、主要手法有冲、劈、崩、贯、砸等拳法，推、挑、撩、劈、砍等掌法，顶、盘、格等肘法，腿法主要有弹、蹬、踹、点、铲、踢、里合、外摆、拍、扫等。其运动特点是撑拔舒展、劲顺击长，快速有力、灵活多变，窜蹦跳跃、节奏鲜明、气势磅礴[①]。四路查拳，是“查拳”拳种中的第四路徒手套路，又称四趟拳。有正拳、副拳各一套。

一、四趟正拳

四趟正拳其内容丰富、线路曲折、结构复杂严整，是代表查拳特点的优秀套路，流传最广。套路内容丰富，技法全面。演练起来潇洒大方，行似流云，静如古松。三组行步使套路非常流畅，飘逸。劈靠掌、金龙合口、黄莺落架、回马腿、鹞子抓肩、提步跨虎、五虎拳、盖打七星等动作独具特色。

四路正拳拳谱

先人传下四趟拳，伏阚撩阴腿当先。削掌回捶汤瓶式，撤步带掌跨中间。
偷步接打往前进，左手削掌右腿弹。提膝迎门三不顾，白鹤亮翅落亭前。
燕子吸泥贴地行，起步前跳赛飞箭。撤步单跨往上顶，钻门接代马步拳。
怀中抱月进步靠，白鹤亮翅在亭前。仙人抖衣分双掌，金龙合口双爪现。

①全国体育院校教材委员会. 中国武术教程［M］. 北京：人民体育出版社，2004.

弧行掌回马一腿，青龙翻身刷爪探。侧身跨虎把山上，泰山压顶式难挡。
左右开弓最难防，鹞子抓肩回头望。提步跨虎擒方腊，斜身回头望明月。
将军手推两扇门，钉心抓鹰猛铁杉。偷步点金马步打，起步双展如飞燕。
云手跳步护身掌，迎门推掌进单脚。分掌侧蹬五虎拳，撤步转身上下翻。
金鸡独立寻窝巢，穿掌震脚劲冲天。二郎担山赶日月，猛虎盖打七星拳。
顺风摆旗中间立，收式虚步对双拳。人问此拳名和姓，四路查拳美名传。

二、四趟副拳

四趟副拳又称“四龙摆步拳”，整个套路上肢包括拳、掌、勾三种手型，冲、推、挑等十种伸屈回环的掌法和拳法。下肢包括马步、弓步、虚步、丁步、仆步、歇步等步型。代表动作有探身取宝、夜叉探掌、迎门三摆步、枯树盘根、乌龙摆尾、沉底炮等，套路线路清晰、用法多变、动作舒展潇洒，跳跃动作较多，上下起伏，错落有致，难度较大， 适合有一定运动基础的人习练。

三、四路查拳经典动作组合解析

1. 伏阚撩阴腿当先

动作说明：

（1）成左弓步推掌；左手向内按掌置于左膝外侧；右手成掌向前推出，指尖高与鼻平；目视右掌。（图6–1–1）

图6–1–1

（2）右脚向前弹踢，力达脚尖；同时右掌变拳收至右腰侧；左掌由下向前撩出，掌心向上略高于肩；目视左掌。（图6-1-2）

图6-1-2

（3）右脚向下、向后撤步，重心后移，身体微右转，左脚回收成左虚步；同时右拳变掌，右掌左掌依次前穿，掌心向上，右掌收回于左肘内侧；目视左掌。（图6-1-3、图6-1-4）

图6-1-3

图6-1-4

动作解析：假设对方右拳袭击我方腰部，我方左手拨开其右手，右掌迅速前推攻击其腹部；对方左手架开，我方顺势抓其左手，用右脚踢击其裆部，对方收腹，我方用双手连续穿击其咽喉。

2. 左手削掌右腿弹

动作说明：

（1）成右弓步亮掌；左手成勾手，勾尖朝下；右手亮掌于头上；目视左前方。（图6-1-5）

图6-1-5

（2）右脚向左后方插步；同时右手向下、向左平摸，左勾变掌向右平摸，两手于胸前交叉，左手在内，右手在外；目视左前方。（图6-1-6）

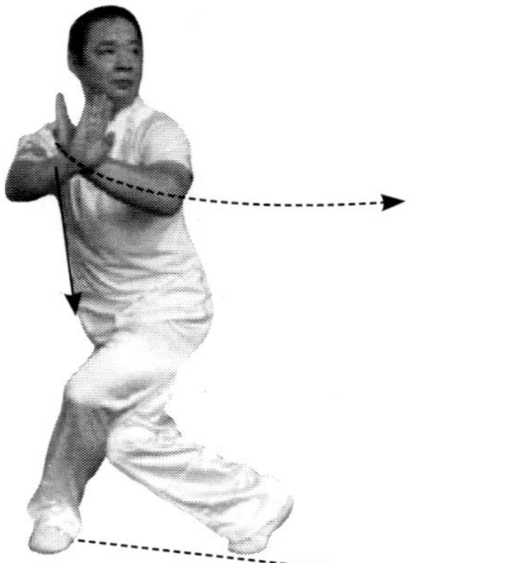

图6-1-6

（3）上动不停，左脚向左前方上步成半马步；同时左手继续向前、向左平摸；右手变拳迅速回收至右腰间；目视左前方。（图6–1–7）

（4）上动不停，右脚并步，身体微左转；同时右拳由腰间迅速前冲，力达拳面，立拳；左手迅速回收至右腋下；目视正前方。（图6–1–8）

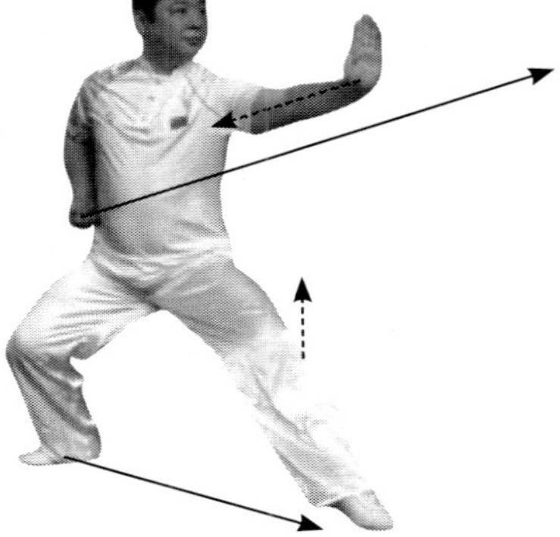

图6–1–7

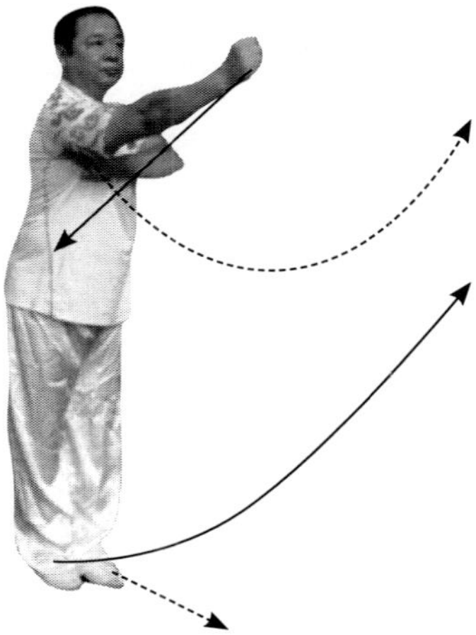

图6–1–8

（5）紧接上动，左脚向左前上步，右腿提膝箭弹，力达脚尖；同时，左手向下、向前撩出，掌心向上；右拳迅速收至右腰间；目视前方。（图6–1–9）

图6–1–9

动作解析：对方右拳袭击我方面部，我方左手拨开，迅速用右拳击其面部；对方左拳又袭击我方面部，我方右手拨开，迅速用右脚踢击其裆部。

3. 怀中抱月进步靠

动作说明：

（1）成高虚步亮掌；左手在前，掌心向上，略高于肩；右手在后，立掌，高与头平；目视左掌。（图6–1–10）

（2）身体左转，左腿微屈半蹲，右脚背扣于左腘窝；同时右掌外旋向上、向前、向左下劈掌；左掌向右平行收于右肩处。（图6–1–11）

图6–1–10

图6–1–11

（3）右脚向前上步成右弓步；同时身体微右转，以腰带臂，右臂迅速由下向右上斜撩，高与鼻平，掌心向上；左手向左下按掌于左胯侧，掌心向下；目视右前方。（图6–1–12）

图6–1–12

动作解析：我方出左手引手，对方来接，我方左手迅速勾采其来手，右腿迅速前插其左腿后内扣，右手插入其腋下，用右肩、臂靠摔对方。

4. 弧行掌回马一腿

动作说明：

（1）成提膝推掌；左腿提膝；左手成勾手，勾尖向下，高与耳平；右掌向右前推出，高与肩平，掌心朝前，立掌；目视正前方。（图6-1-13）

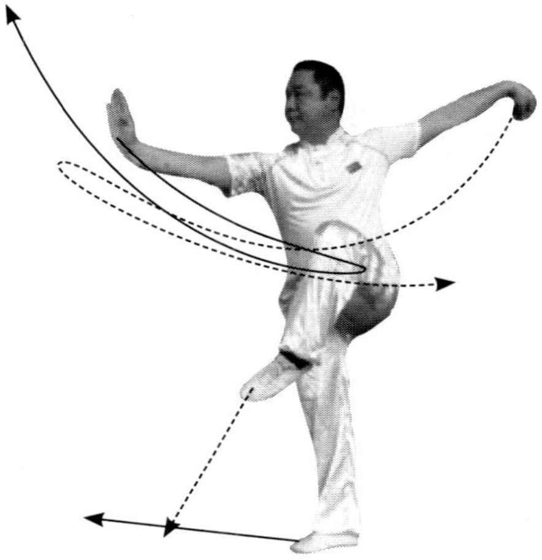

图6-1-13

图6-1-14

（2）紧接上动，左脚、右脚先后向前上步；左手由上向下、向前，右手由上向下、向后交换摆臂；右脚蹬地起跳时，左手由上向下、向后，右手由上向下、向前、向上再次交换摆臂；目视后方。（图6-1-14）

（3）上动不停，左脚向前落步，脚尖内扣；右脚上步，脚尖外摆，蹬地起跳；身体向右后旋转180° 。（图6–1–15）

图6–1–15

（4）空中完成右踢腿。左脚、右脚依次落地。（图6–1–16、图6–1–17）

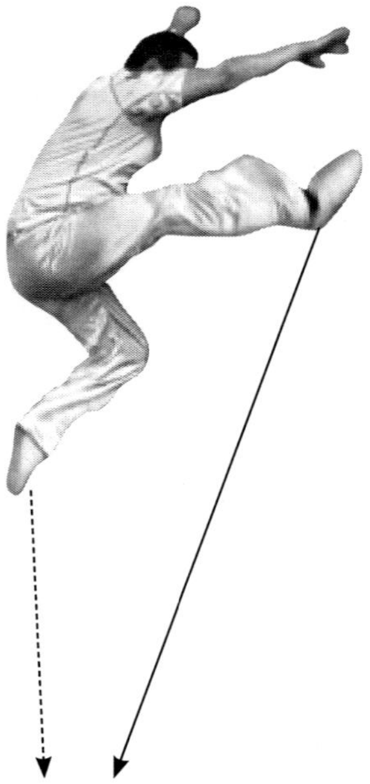

图6–1–16

图6–1–17

动作解析：对方身后偷袭时，我方迅速上步跃起后转，腾空飞踢其头部。

5. 鹞子抓肩回头望

动作说明：

（1）成左高歇步；右手抓肩，左手成勾手，向后下勾挑；目视左侧。（图6–1–18）

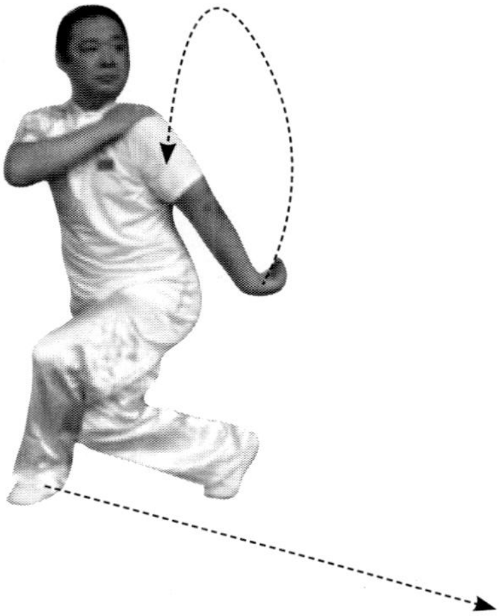

图6–1–18

（2）左脚向左上步，成马步；同时，左勾变拳，由后下向前上抡臂，左臂屈臂压肘，随即左拳向左侧屈臂平摆，拳心向上；目视左拳。（图6–1–19、图6–1–20）

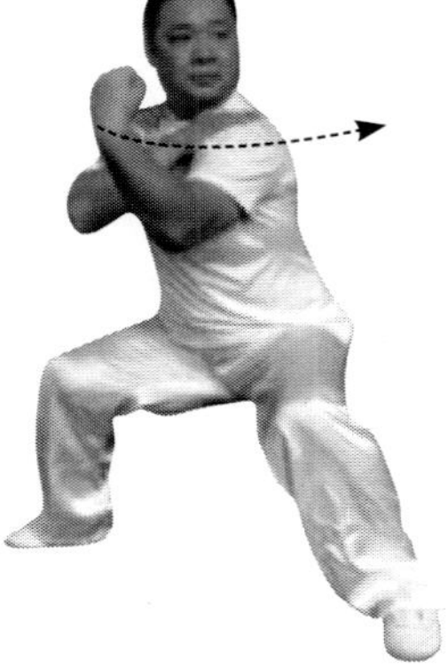

图6–1–19

图6–1–20

（3）身体左转，左腿屈膝前弓，右腿蹬腿转胯，成左弓步；同时，左拳回收至腰间；右手下落变拳，迅速从腰间前冲，力达拳面，拳眼向上，高与肩平；目视右拳。（图6-1-21）

（4）身体重心后移并右转，成马步；同时，右拳内旋回拉向右上架；左拳由腰间迅速向前冲拳，力达拳面，拳眼向上，高与肩平；目视左拳。（图6-1-22）

图6-1-21

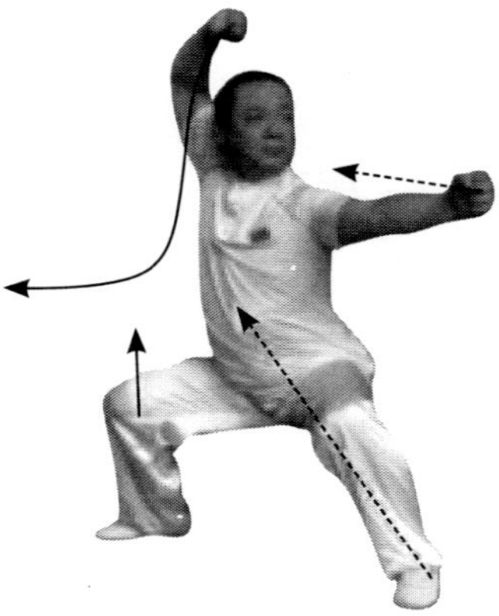

图6-1-22

（5）右腿直立，左腿提膝；同时，左臂弯曲，左拳收至左耳侧，拳心向前；右拳向下经腰间立拳向斜下冲拳，力达拳面；目视右拳。（图6-1-23）

图6-1-23

动作解析：对方右手抓我方左肩，我方右手按其右手，左臂抡起下压其肘，迫其下蹲，左拳上挑其下颌，其头上仰，我方右拳猛击其面。

6. 偷步点金马步打

动作说明：

（1）成右弓步；左手下按于右肘下，右臂外旋右掌撇打，掌心向上，略高于肩；目视右掌。（图6–1–24）

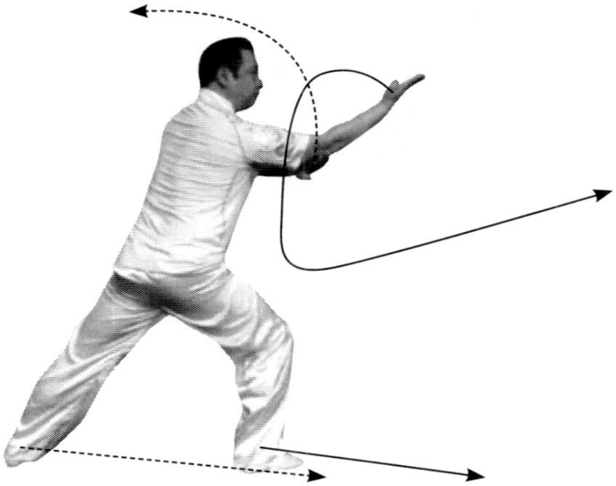

图6–1–24

图6–1–25

（2）左脚向右后插步，右脚向右上步，身体略左转，成马步；同时，左掌变拳向左上挑架至头上方；右掌变拳内旋经胸前至右腰侧，迅速向右前方冲拳，力达拳面，拳眼向上，高与肩平；目视右拳。（图6–1–25）

动作解析：对方来拳袭击我方右肋，我方左手下按，右手撇打其面部；对方另手招架，我方左手抓其来手上挑，右手迅速击打其腹肋。

7. 分掌侧蹬五虎拳

动作说明：

（1）成左歇步；两臂交叉于胸前，左手在内，右手在外；目视左侧。（图6-1-26）

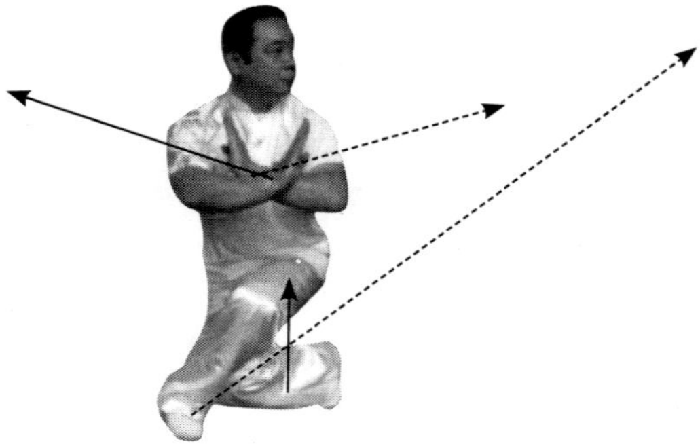

图6-1-26

图6-1-27

（2）右腿直立；左腿迅速提起向左侧踹，力达脚跟，高与胸平；同时，两手向外撑掌，高与肩平；目视左脚踹击方向。（图6-1-27）

（3）左脚落步，屈膝前弓，身体左转90°，成左弓步；同时，左手搂手变拳收至左腰侧；右手变拳，经腰间立拳向前冲拳，力达拳面，高与肩平；目视前方。（图6-1-28）

图6-1-28

（4）身体重心前移，左腿直立，右腿迅速提起向前弹踢，力达脚尖；同时，右拳回收至腰间；左拳迅速向前冲拳，立拳，高与肩平；目视前方。（图6-1-29）

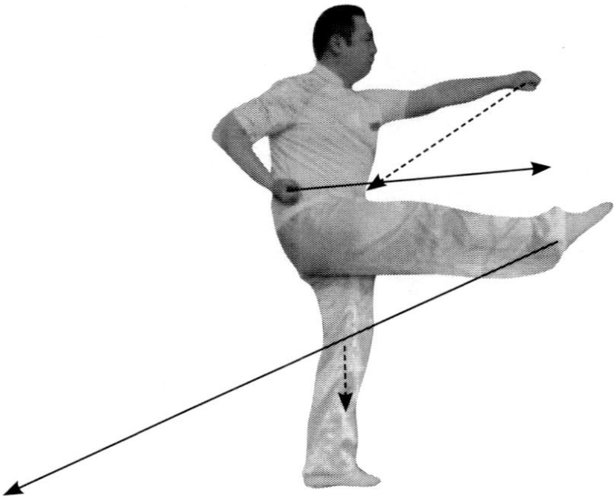

图6-1-29

图6-1-30

（5）上动不停，右脚后落，成左弓步；同时，左拳收回至腰间；右拳由腰间迅速前冲，力达拳面，立拳，高与肩平；目视前方。（图6-1-30）

动作解析：对方右手摆拳击打我方头部，我方下蹲闪避，然后用左手架开其右手，左脚踹击其胸肋；对方右手欲搂抱我方左腿，我方迅速收腿，左掌搂开来手，左右冲拳连环出击，右脚弹击其阴、腹部。

8. 穿掌震脚劲冲天

动作说明：

（1）成右仆步穿掌，左手成勾手，略高于肩。（图6-1-31）

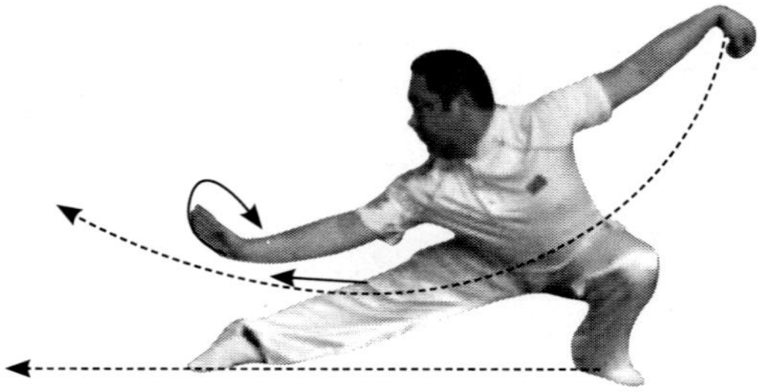

图6-1-31

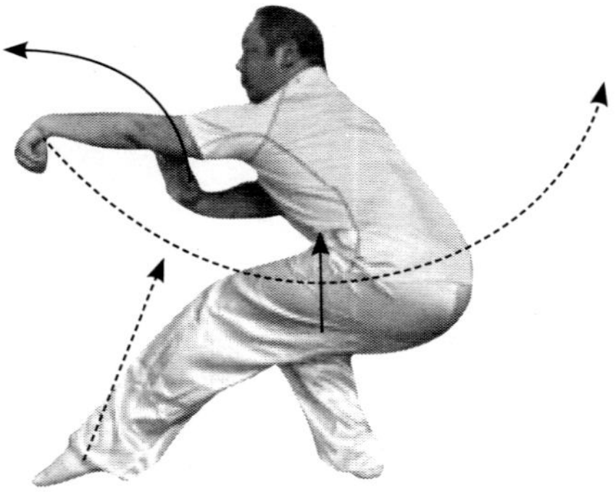

图6-1-32

（2）身体右转90°，左脚上步，成左虚步；同时，左勾手经下向左前撩，勾尖向下；右指扶于左肘内侧；目视前方。（图6-1-32）

（3）身体微左转，右腿直立，左腿提膝；同时，左勾经下向左上挥臂，勾尖向下，高与头平；右手向右前上劈掌，力达掌外沿，右臂平举，掌尖与眉齐；目视前方。（图6-1-33）

图6-1-33

（4）左脚右前下落，左右脚交替上四步，左脚内扣，右脚外摆，弧形步转体360° 并步，右脚震脚，左腿提膝；同时左勾变掌收于右腋下，右掌变勾，由上向下落于右胯后，然后迅速变拳经腰间贴耳上冲，拳心向前；目视前方。（图6-1-34~图6-1-36）

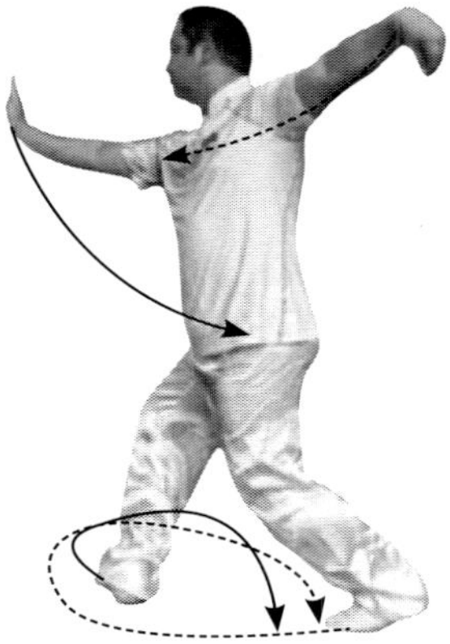

图6-1-34

图6-1-35

图6-1-36

动作解析：对方右拳袭击我方面部，我方左手勾採其右腕，右掌劈击其面部；对方后撤，我方紧追，对方回身右拳袭击我方面部，我方左手採按其右腕，右上冲拳挑击其面部。

第二节　龙形剑动作解析

剑是中国很古老的一种兵器，曾有春秋战国时期的铜剑出土，使用剑的技术称为剑术，剑术无论是技术还是理论在中国古代都发展得很完备，在许多典籍中都论及剑术。剑是由剑身、护手和剑把构成的，剑身两面有刃，中间有脊，前为剑尖，剑身与剑把之间为护手，剑把的末端为剑镦。剑法的内容很丰富，以刺、点、崩、撩、挂、劈、截等为主要方法，配合各种步型、步法、跳跃等构成套路。龙形剑演练以一手持剑为主，不持剑的一手为剑指；剑的长度因人而异，竞赛规则中要求以直臂垂直反手持剑时，剑尖不低于本人耳上端为准；剑把常配有剑穗。龙形剑的动作特点是轻快洒脱，身法矫健，刚柔相兼，富有韵律[①]。

一、起势

1. 并步持剑

动作说明：

并步站立，左手持剑，两肘微屈，剑身垂直紧贴前臂内侧；右手成剑指，手心朝后，剑指朝下，下垂体侧，挺胸、收腹；目视前方。（图6–2–1）

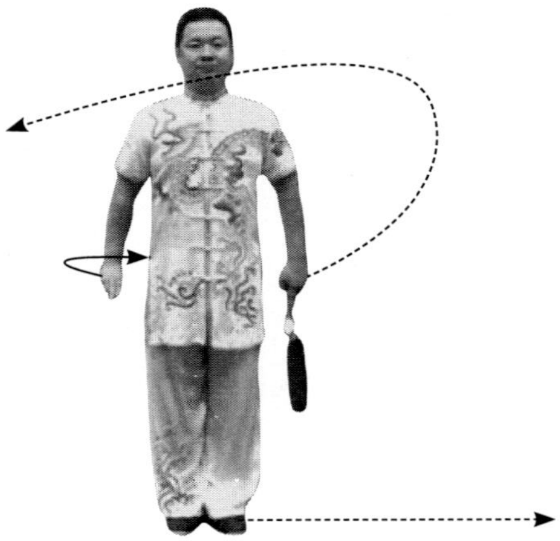

图6–2–1

图6–2–2

2. 前点步持剑上穿指

动作说明：

（1）身体右转，左脚后撤成右弓步；同时，左手持剑，直臂由左向上，经头顶向右划弧压剑，臂与肩平；右剑指收至腰间，手心朝上，剑指朝前；目视前方。（图6–2–2）

①全国体育院校教材委员会. 中国武术教程［M］. 北京：人民体育出版社，2004.

（2）身体略左转，右腿挺直，脚尖稍内扣，左脚向右脚前移步，脚尖点地成高虚步；同时，左手持剑向下、向后垂落于身体左侧；右剑指经耳旁向上直穿，手心朝前，指尖朝上；目视左前方。（图6-2-3）

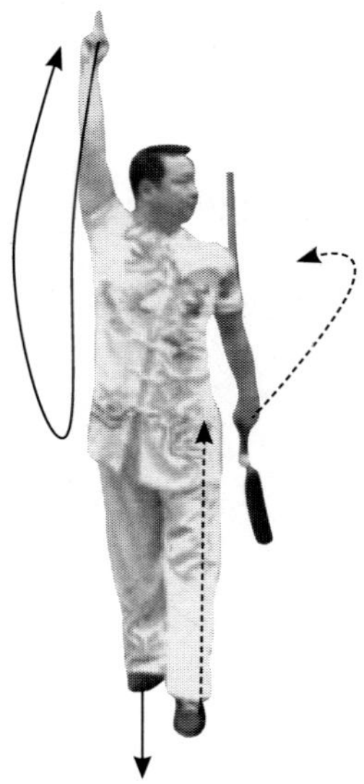

图6-2-3

3. 提膝持剑屈肘平举

动作说明：

左脚踏实，右脚向前上步，腿挺直，左腿屈膝侧提，脚面绷紧，脚尖下垂；左手持剑向左抬平，然后屈肘至胸前，剑与肩平，剑尖朝左；同时右臂下落至腰间，弧形向右、向上划弧，举至头顶时，屈肘抖腕亮指于头右上方，剑指指尖向左，手心向上；目视左前方 。（图6-2-4）

图6-2-4

二、第一段

1. 弓步前刺（青龙出水）

动作说明：

左脚向前落步成左弓步，身体略左转；同时，右剑指变掌，向下抓握剑柄，落于右腰间再迅速向前直刺，虎口向上，立剑；左手变剑指，向左后伸臂直臂平举，掌心向外，剑指指尖向上；目视正前方。（图6-2-5）

图6-2-5

2. 转身跳插步反撩（乌龙摆尾）

动作说明：

（1）身体左转，左脚外展，右腿提起收至左腿旁；同时，右手持剑外旋，平剑收至胸前；左手剑指回抽按于右腕处，剑指指尖朝上。（图6-2-6）

（2）上动不停，左脚发力蹬地跳起，右脚向右侧伸落，然后屈膝半蹲；左腿经右腿后向右插步，脚尖点地，腿伸直成右插步，上体左倾；同时，右手持剑向上、向左、向右下立圆反臂撩出，虎口向下，剑尖朝右下方，立剑；左手剑指向下、向左、再向上划弧，屈肘抖腕亮指于头左上方；目视剑尖。（图6-2-7）

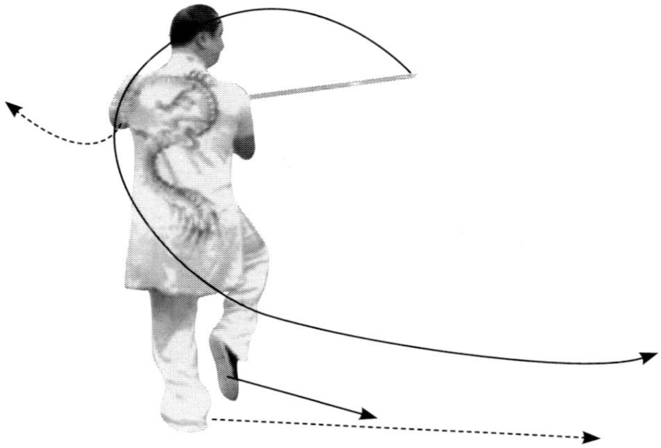

图6-2-6

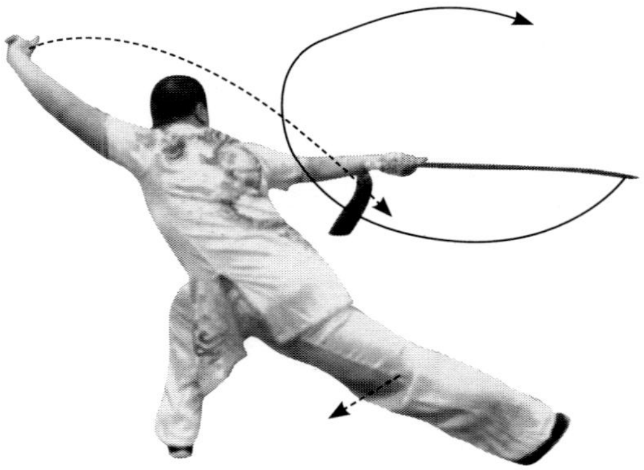

图6-2-7

3. 翻身虚步下点（指天画地）

动作说明：

（1）上身立起，两腿屈膝成交叉步；同时右手持剑，以腕为轴，顺时针方向在体前划一立圆；左手剑指由上向右下划弧落于右肩处；目视剑尖。（图6-2-8）

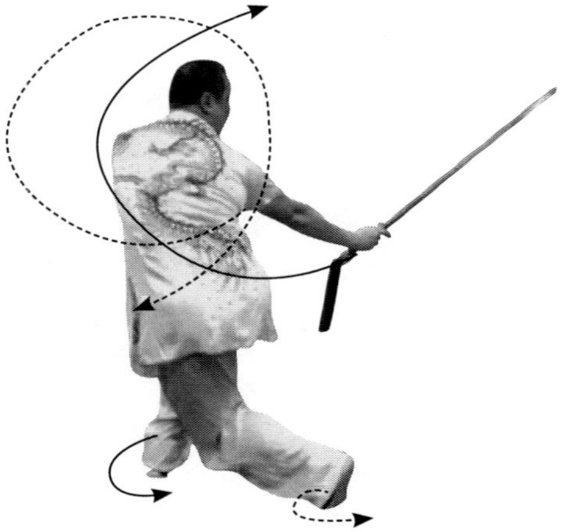

图6-2-8

（2）紧接上动，两脚以前脚掌为轴，上身向左后翻转270°，两腿直立，左脚尖点地成高虚步；同时，右手持剑，随翻身以剑柄领先，贴身向下、向上划一立圆，举臂上提于头右上方，剑尖下垂，立剑，虎口朝后；左剑指向下、向上、向下划一立圆，直臂垂于体后；目视正前方。（图6-2-9）

（3）紧接上动，身体左转，左脚外展屈膝半蹲，右脚向前上步，脚尖点地成右虚步；同时，右手持剑，向前下方点击，立剑，虎口朝上，力达剑尖；左手剑指由后向上划弧，屈肘抖腕亮指于头左上方；目视剑尖。（图6-2-10）

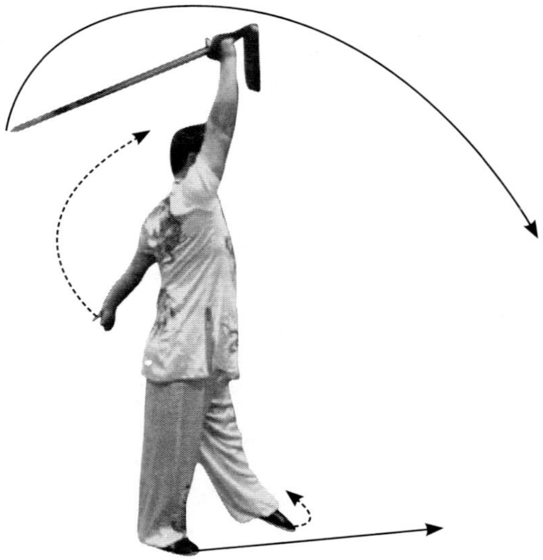

图6-2-9

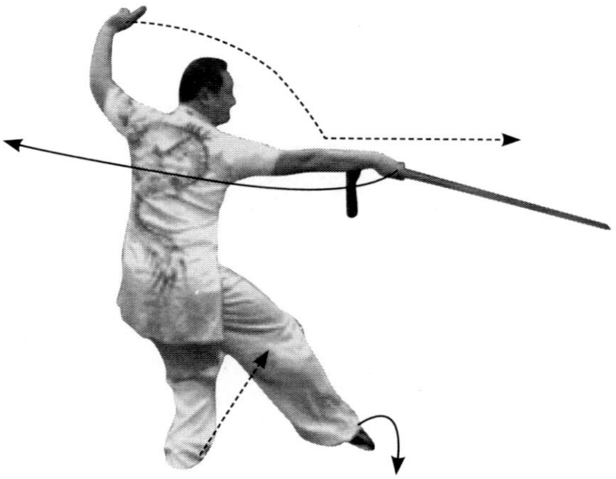

图6-2-10

4. 转身仆步撩抱剑（伸手摘星）

动作说明：

（1）身体重心前移至右腿，同时右脚尖外展，身体右后转180°，右腿挺直，左腿迅速提起，脚背扣于右腿腘窝处；两臂随转体屈肘，在胸前交叉，然后迅速向身体两侧摆伸；右手持剑，向右侧反臂撩出，虎口朝下，立剑，剑尖朝右；左手剑指直臂向左侧平举，略高于肩，手心朝下，两臂成一条线；目视剑尖。（图6–2–11）

图6–2–11

（2）上动不停，左脚向左侧落步，屈膝全蹲成右仆步；同时，两手外旋弧形抽抱于胸前，右手手心朝内，虎口朝右，立剑，左手剑指按于右腕处；目视右前方。（图6–2–12）

图6–2–12

5. 弓步前刺（艄公指路）

动作说明：

左腿蹬直，右腿屈膝成右弓步；同时，双手分别下沉于腰间，右手持剑立剑向右直刺，力达剑尖，左手向后摆伸，剑指指尖向上；目视右前方。（图6-2-13）

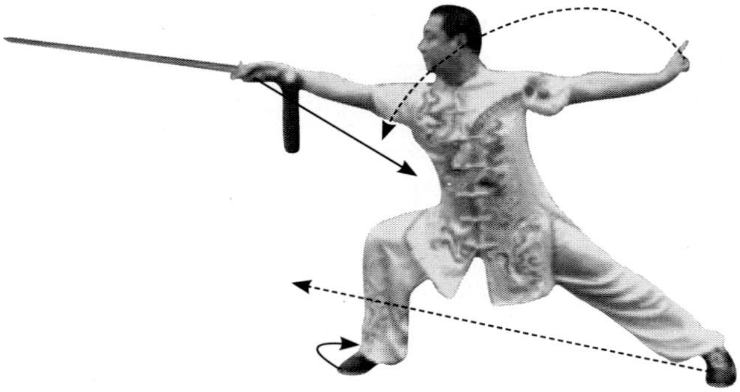

图6-2-13

6. 转跳撩腿平衡崩剑（鲤鱼跳浪）

动作说明：

（1）身体重心前移至右腿，右脚尖外展，同时右转90°，左脚提起，收至右腿内侧；同时，右手持剑，回抽沉腕于腹前，使剑尖上挑，立剑；左手剑指由后向上、向前下按于右腕处，两肘略屈，两臂撑圆；目视剑尖。（图6-2-14）

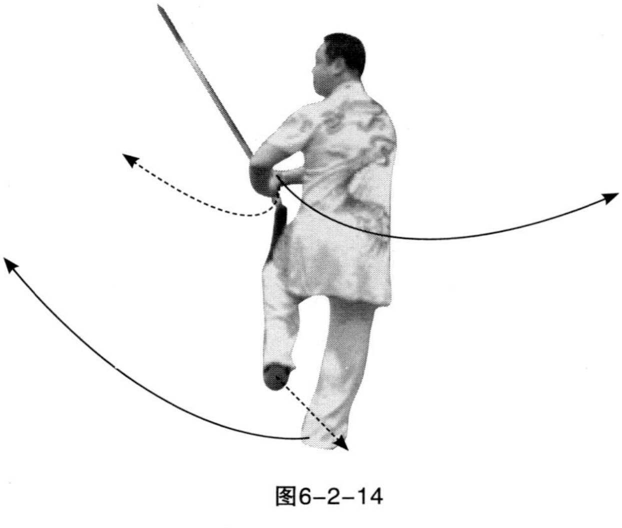

图6-2-14

（2）上动不停，身体继续右转，左脚向右脚旁落步并屈膝，右脚蹬地跳离地面向后撩踢，力达脚掌；同时，右手持剑，向下经体前向右前上崩击，虎口朝上，立剑，剑尖朝前上方，剑尖同头高；左手剑指向后伸摆，手心朝外，剑指朝后；目视剑尖。（图6-2-15）

图6-2-15

7. 歇步下扫剑（秋风扫叶）

动作说明：

身体右转，右脚向右侧落步，左脚提起，经右腿后向右侧插落，脚尖点地，两腿屈膝全蹲成歇步；同时，右手持剑外旋向右平抹，掌心向下，左手剑指向左平带按于右腕处，然后，右手持剑继续向右下方平扫，虎口朝右，同时左手臂向左上方摆举，手心朝上，剑指朝上；上身略右倾；目视剑尖。（图6-2-16）

图6-2-16

8. 滚身弓步下刺（卧龙翻身）

动作说明：

（1）身体左转立起，两脚以前脚掌为轴碾转，同时身体后仰右手持剑随滚身直臂前送；左剑指回收，按于右腕处。（图6–2–17）

（2）上体继续向左翻转180°，左脚向前上步，屈膝成左弓步；右手持剑，回抽于腰间，并迅速向前下方刺出，虎口朝上，立剑；左手剑指向下经腰间向头左上方划弧，屈肘抖腕亮指，指尖朝右；上身微前倾；目视剑尖。（图6–2–18）

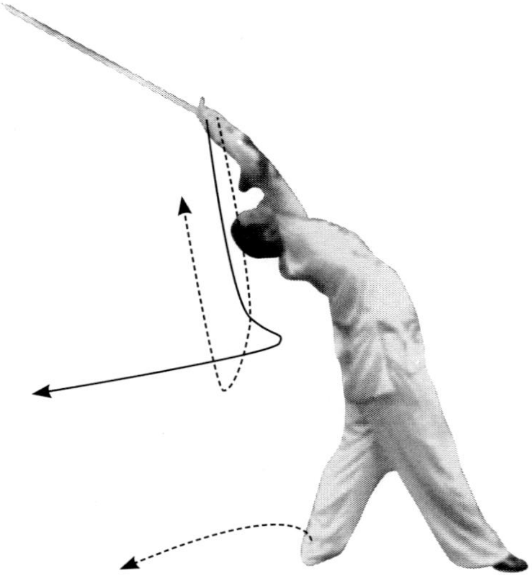

图6–2–17

图6–2–18

9. 并步前点剑（投石问路）

动作说明：

左腿挺直，右脚擦地向前滑行，与左脚并拢；右手持剑，屈肘、坐腕、上挑再伸臂垂腕向前点击，虎口朝上，立剑；左剑指下落，经脸前按于右腕处；目视剑尖。（图6-2-19）

图6-2-19

10. 退跳横裆步点提剑（摘月换月）

动作说明：

（1）身体右转，左脚向后撤步，膝略屈；两手回抽至腹前，右手坐腕，剑尖上挑。（图6-2-20）

图6-2-20

（2）左脚抬起，经右腿前向右侧盖落，膝微屈，右脚蹬地跳起，屈膝后撩，脚掌朝上；同时，右手持剑，向前点击，虎口朝上，立剑；目视剑尖。（图6-2-21）

（3）左脚、右脚先后向前落地，右腿屈膝成横裆步；同时，右手持剑向右后提起，虎口朝前，立剑，右手略高于肩；左手剑指迅速向左前指，掌心朝下，剑指高与肩平；目视左前方。（图6-2-22）

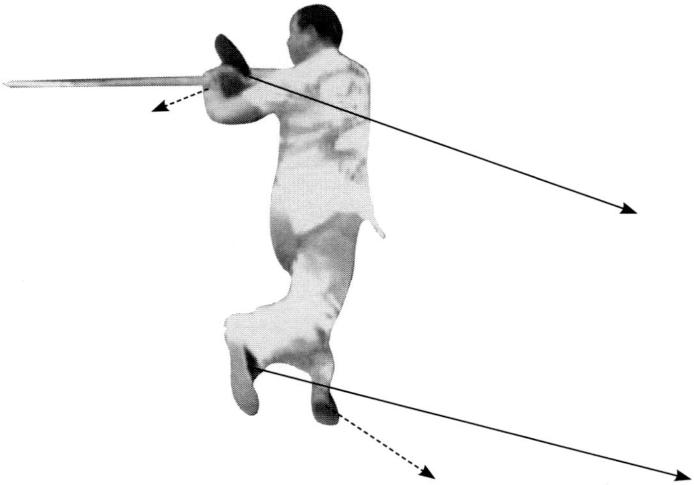

图6-2-21

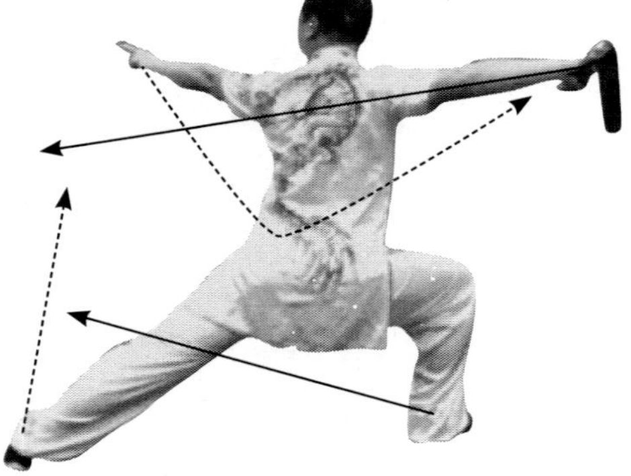

图6-2-22

11. 提膝下刺（黄蜂入洞）

动作说明：

身体左转，右脚向左前方上步，腿挺直，左腿屈膝提起；同时，右手持剑，向前下方刺出，立剑，力达剑尖；左剑指下落至腰间，随即迅速向左后上方斜举，剑指朝后上方；目视剑尖。（图6-2-23）

图6-2-23

12. 进步腕花弓步点剑（梨花舞袖）

动作说明：

（1）身体左转，左脚向左前方落步；右手持剑，向左前方，以腕为轴经体前由上向下、再向上划立圆，虎口朝上，立剑；左剑指向上、向前划弧按于右腕处；目视前方。（图6-2-24、图6-2-25）

图6-2-24

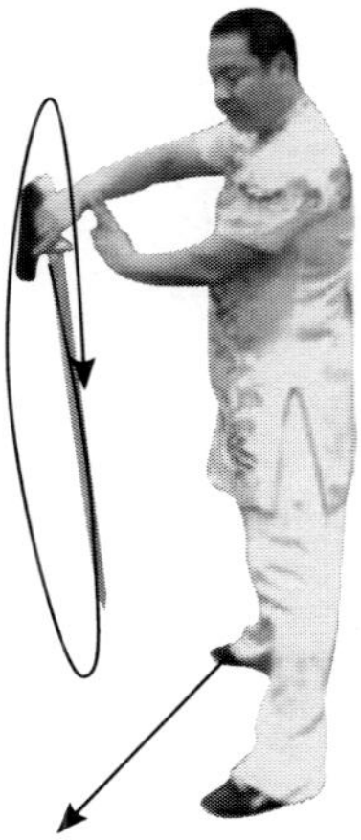

图6-2-25

（2）身体稍右转，右脚向前上步，两腿屈膝；右手持剑，以腕为轴，由上向下、再向上经身体右侧向前划一立圆，虎口朝上，立剑。（图6-2-26）

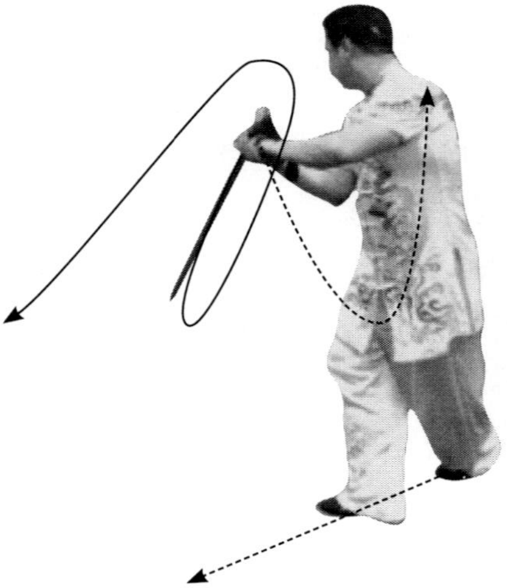

图6-2-26

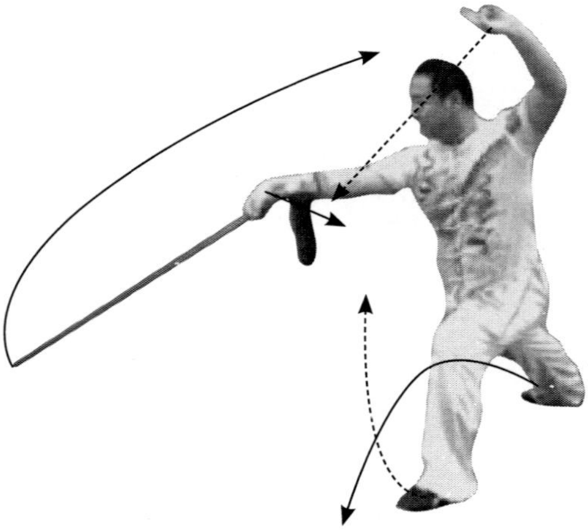

图6-2-27

（3）身体左转，左脚向前上步，屈膝成左弓步；右手持剑，向前下方点击，虎口朝上，立剑；左剑指向下经体侧向上划弧，抖腕亮指于头左上方；上体微前倾；目视剑尖。（图6-2-27）

13. 跳弓步挂劈剑（紫燕扑蝶）

动作说明：

（1）身体微右转，左脚蹬地跃起提膝，右脚跳步前落，膝微屈；同时，右手持剑，屈肘下沉，坐腕提剑，剑尖向上、向右耳旁挑挂，虎口朝后上方，立剑；左剑指向下按于右腕处；目视前方。（图6-2-28）

图6-2-28

（2）身体微左转，左脚向前落步，屈膝成左弓步；同时，右手持剑，向前下方劈击，虎口朝前上方，立剑；左手剑指向下，经体侧向上抖腕亮指于头左上方；目视剑尖。（图6-2-29）

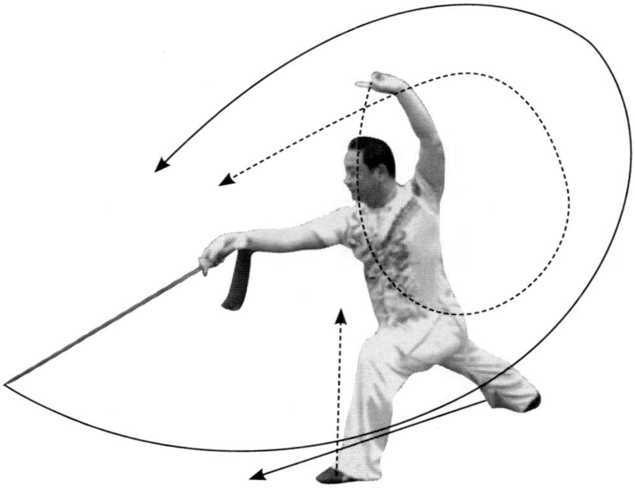

图6-2-29

14. 提膝劈剑前指（声东击西）

动作说明：

（1）右脚向前上步，腿挺直，左腿屈膝提起；右手持剑，臂内旋，经体前向后、向上划一立圆，向前下方劈击，虎口朝前，立剑；左剑指由身前向左、向上划一立圆，按于右腕处；目视剑尖。（图6–2–30）

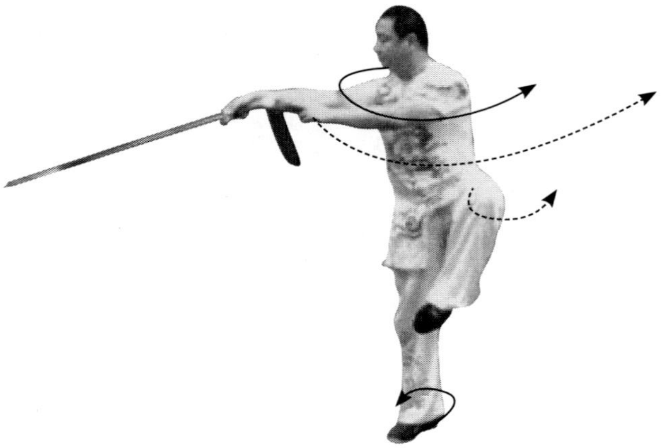

图6–2–30

（2）身体微左转，右脚以脚前掌为轴向左辗转，左膝外摆成侧提膝；同时，左剑指经腰间向前伸出前指，虎口朝上，剑指指尖朝前；目视正前方。（图6–2–31）

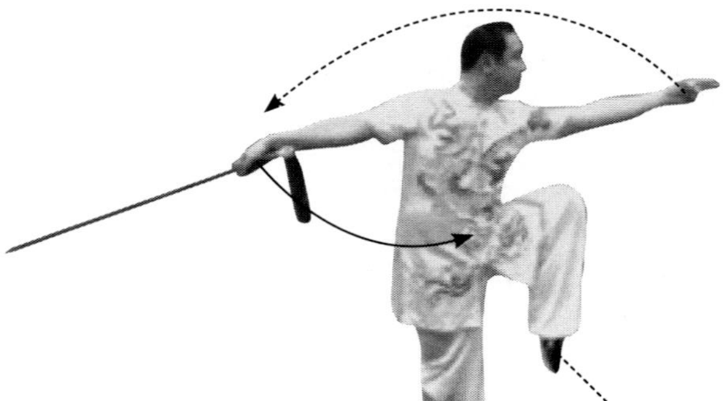

图6–2–31

三、第二段

1. 进退步左右挂剑（左右插花）

动作说明：

（1）身体右后转，左脚后落，腿伸直，右腿屈膝，脚尖外展成右弓步；同时，右手持剑，经体侧向后摆臂提剑，虎口朝前，立剑，剑尖朝前下方；左手剑指经体侧直臂前摆，剑指朝前下方；目视剑指。（图6–2–32）

图6–2–32

（2）左脚以脚前掌为轴向左辗转，同时右腿蹬直，随体左后转180°，向前上步，脚尖点地；左剑指直臂向上、向前、向下划弧；右手持剑，向上随转体向前、向腹前抄挂，虎口朝后，立剑；左剑指按于右腕处；目视右前方。（图6–2–33）

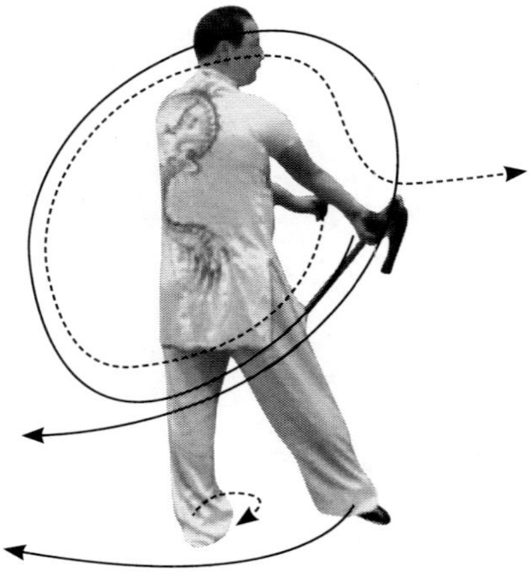

图6–2–33

（3）上动不停，右脚向后退步，左脚尖内扣，身体右后转180°，右手持剑，向上随转体向下，经体前向后抄挂，虎口朝后，立剑，左剑指随右手向上，在身前向前上方伸出前指，指尖朝上方，目视剑指。（图6-2-34）

图6-2-34

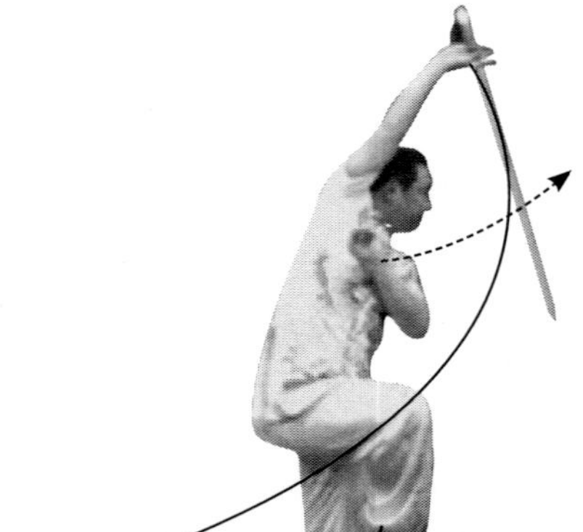

图6-2-35

2. 仆步反穿剑（燕子穿林）

动作说明：

（1）左脚后撤一步，右腿屈膝提起；右手持剑，由后向上、向前划一立圆，虎口朝下，立剑，剑柄在头前上方；左手剑指向下收至右肩前，剑指朝上；目视前方。（图6-2-35）

（2）上动不停，右脚向后落步，腿伸直，左腿屈膝成左弓步，上身前倾；右手持剑，向下使剑尖沿右腿内侧向右穿出，虎口朝后，平剑；左剑指向左上方伸臂，剑指朝前，掌心朝右；目视前方。（图6–2–36）

（3）上动不停，左腿全蹲成右仆步，身体向右倾探；右手持剑，手臂外旋，继续向右穿出；左手保持不变；目视剑尖。（图6–2–37）

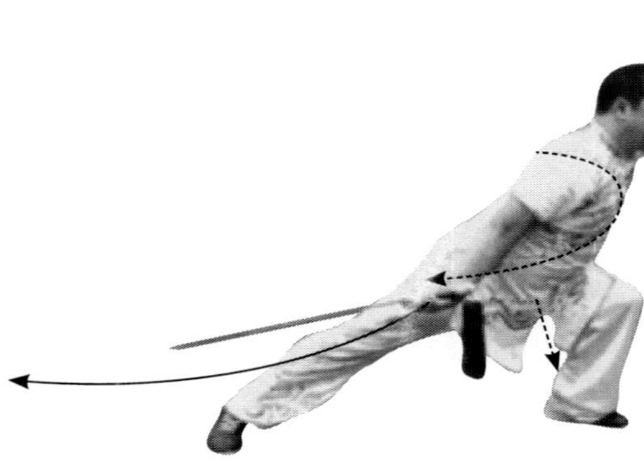

图6–2–36

图6–2–37

（4）上动不停，身体继续右转，左腿蹬直，右腿屈膝成右弓步；同时，右手持剑，直臂右刺，虎口朝上，立剑，高与肩平；左臂伸平，与剑成一直线；目视剑尖。（图6-2-38）

图6-2-38

3. 丁虚步反撩剑（挑帘望月）

动作说明：

左脚收至右脚内侧，脚尖点地，两腿屈膝半蹲成丁字步；同时，两手分别由外向上，向内经胸前交叉后，左手向左后上方，右手向右前上方反撩；上身前俯并右倾，力达剑尖，立剑，左手剑指掌心向上；目视剑尖 。（图6-2-39）

图6-2-39

4. 行步左右撩剑（燕子穿云）

动作说明：

（1）上身立起，微左倾，右腿半蹲，左腿屈膝提起扣于右腿腘窝处；右手持剑，向下经体前向左上抄挂，弧形横架于头上方，虎口朝左，立剑，剑尖稍低于腕；左手剑指向下、向上划弧，收至右肩前，剑指指尖朝上；目视左下方。（图6–2–40）

图6–2–40

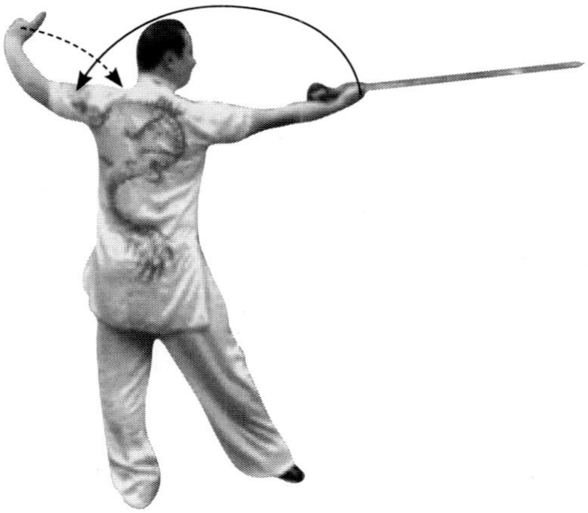

图6–2–41

（2）从左脚开始，向左前方行步四步，右脚在前，脚尖点地成右高虚步，身体左后转180°；同时，左剑指向下经身前向前上方划弧，屈肘架于头左上方，剑指朝右，随后，右手持剑，向后、向下经体右侧向前上方撩起，虎口朝右，立剑；目视右手。（图6–2–41）

（3）右手持剑，向后侧劈击；左手剑指按于右腕处；目视后方。（图6-2-42）

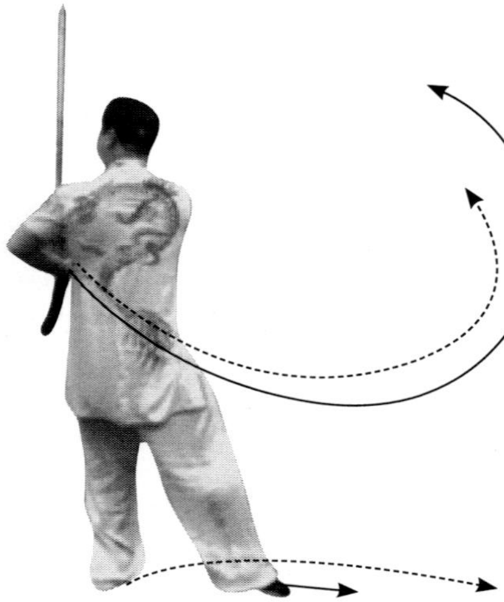

图6-2-42

图6-2-43

（4）身体右后转180°，从右脚开始，向右前方行进四步，左脚在前，脚尖点地成左高虚步；右手持剑，随之向下经身前向右前上方撩起，虎口朝左，立剑；左剑指收至右肩内侧，剑指指尖朝上；目视前方。（图6-2-43）

5. 提膝托剑（双手托月）

动作说明：

左脚前上半步，脚尖外展，右脚向前上步，腿挺直，左腿随即屈膝提起，身体左后转180°；同时，左剑指向下、向上划弧，屈肘横架于头左上方，剑指朝右；右手持剑，向后、向下经身体右侧向右上方托起，虎口朝右，立剑；目视剑尖。（图6-2-44、图6-2-45）

图6-2-44

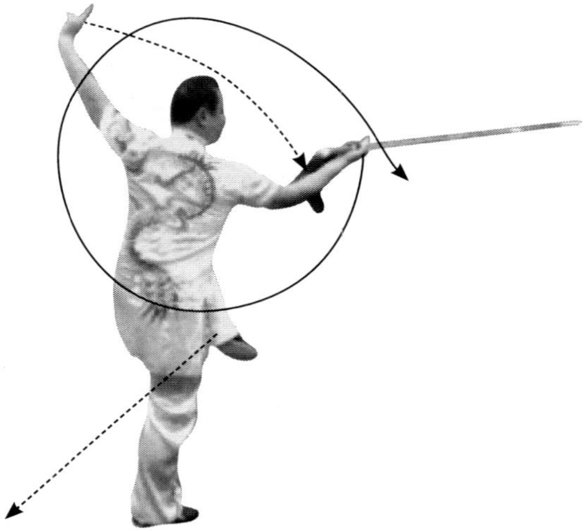

图6-2-45

四、第三段

1. 退跳步点剑（蜻蜓点水）

动作说明：

（1）左脚向左侧落步，两腿微屈；右手持剑，内旋，以腕为轴，向下经体前向上划一立圆，向前抡劈，虎口朝上，立剑；左剑指向下按于右肘内侧；目视剑尖。（图6-2-46）

图6-2-46

（2）右脚经左腿前向左侧盖落，脚尖外展，膝略屈，左腿屈膝，脚跟离地；右手持剑，屈肘坐腕，剑尖挑起，再迅速伸臂垂腕向向前劈击，虎口斜朝上，立剑，剑尖与手臂成一直线；目视剑尖。（图6-2-47）

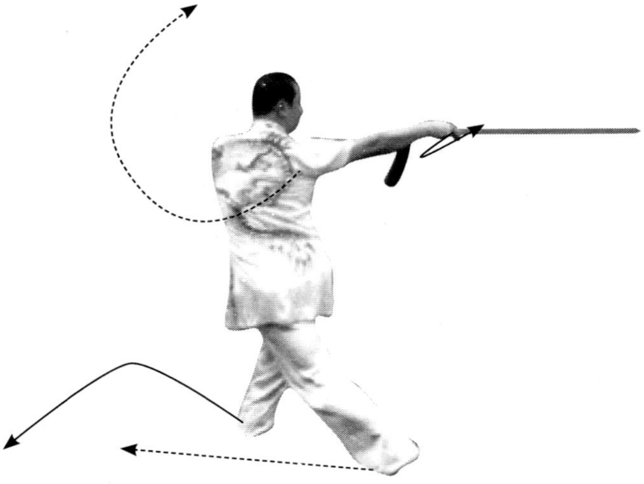

图6-2-47

（3）左脚上步蹬地跳起，屈膝后撩，脚掌朝上；右脚经左腿前向左盖落，膝微屈；同时，右手持剑，再次下点；左剑指向下经体前向左划弧，屈肘抖腕亮指于头左上方。（图6-2-48）

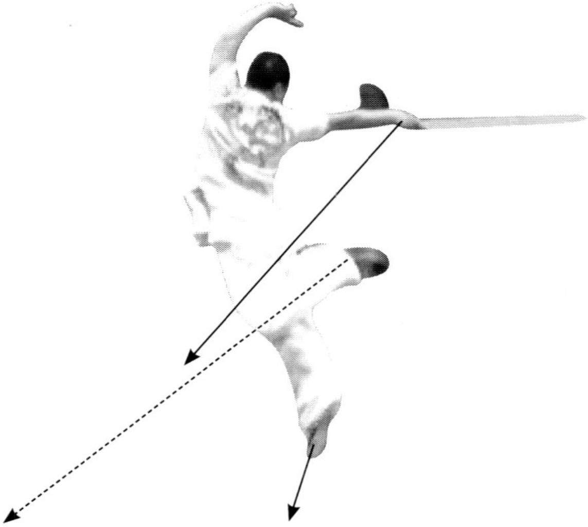

图6-2-48

2. 仆步崩剑（悬崖勒马）

动作说明：

左脚向左侧落步屈膝全蹲成右仆步；同时，右手持剑，坐腕屈肘向下回抽至右大腿内侧成崩剑，虎口朝后上方，立剑，剑尖朝右上方，剑尖同眉高；左手手型保持不变；目视剑尖。（图6-2-49）

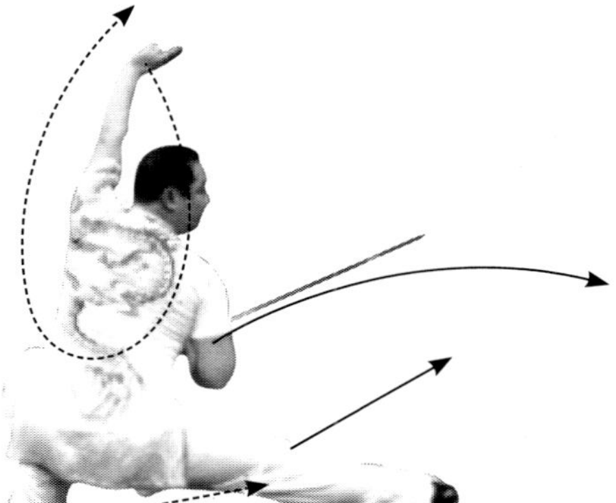

图6-2-49

3. 扣腿下点剑（金针入地）

动作说明：

重心移于右腿，右腿屈膝半蹲，左腿屈膝脚背扣于右腿腘窝处；右手持剑，向前下方伸臂垂腕点击，虎口朝斜上方，立剑；左手剑指向下，经体前向左划弧一周，屈肘抖腕于头左上方亮指。（图6–2–50）

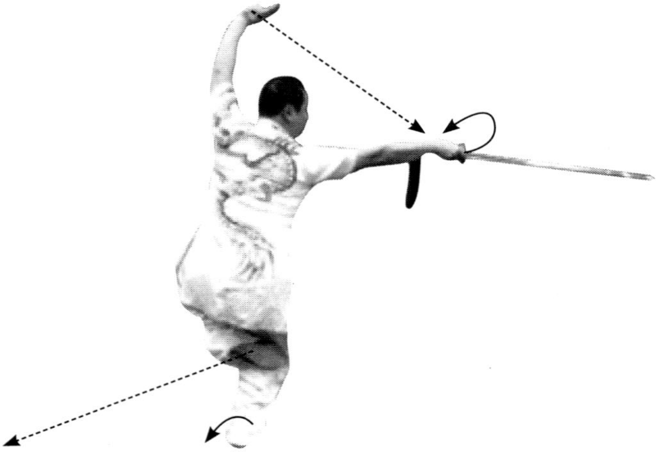

图6–2–50

4. 退跳虚步云斩剑（白云遮面）

动作说明：

（1）身体右转，右脚蹬地后跳，左脚随之后落成右虚步；右手持剑内旋，剑尖从左经脸前向右、向前划一平圆，手心朝上，平剑；左剑指按于右腕处，掌心朝下；同时抬头，身体稍后仰。（图6–2–51）

图6–2–51

（2）身体左转，右手持剑，向左平斩，手心朝上，平剑，剑尖齐眉；左剑指向下、向上划弧，屈肘抖腕亮指于头左上方，剑指朝右；目视剑尖。（图6–2–52）

图6–2–52

图6–2–53

5. 坐盘抡刺剑（凤凰旋窝）

动作说明：

（1）左腿挺直，右腿屈膝提起，身体右转；右手持剑，臂内旋，直臂向下经体右侧向后劈剑，虎口朝前下方，立剑；左剑指向体前伸臂前指，剑指指尖朝上。（图6–2–53）

（2）左手剑指下落于体侧；右手持剑，由后向上、向前再在向下挂剑，虎口朝下，剑把朝上，立剑；目视前方。（图6-2-54）

（3）右脚经左腿后向左插落，脚背贴地，两腿屈膝全蹲成坐盘，身体向左拧转；左剑指向左、向上横架，手心朝上；右手持剑，向下经腹前向左侧直刺，虎口朝上，立剑；目视剑尖。（图6-2-55）

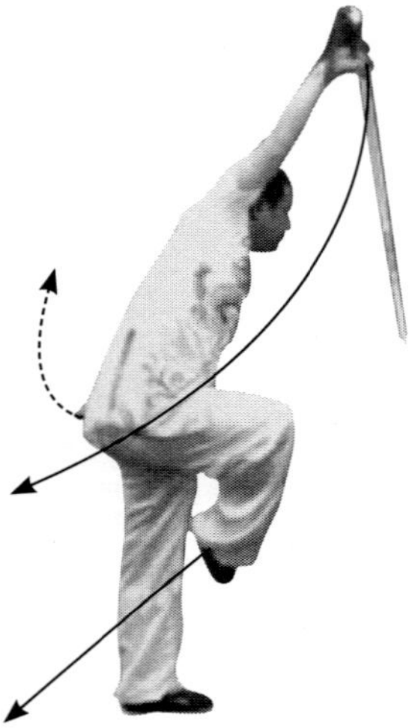

图6-2-54

图6-2-55

6. 提膝扫点剑（乳燕归巢）

动作说明：

（1）身体右后转180°，两腿屈膝成半马步，身体微左倾；左剑指向下按于右腕处；右手持剑，随转体向右后平扫，手心朝下，然后向右肩前屈肘坐腕挑起，虎口朝后上方，立剑，剑身斜立于右臂上方，剑尖在右耳旁；目视右方。（图6-2-56）

图6-2-56

（2）上动不停。右腿挺直，左腿屈膝提起；右手持剑，向前下方点击，立剑；左手剑指向下经体前划弧，屈肘抖腕亮指于头左上方；目视剑尖。（图6-2-57）

图6-2-57

图6-2-58

7. 蹲步捧剑（童子拜佛）

动作说明：

身体右转，左脚向右脚并拢，两腿屈膝半蹲；同时，右手持剑，臂外旋，屈时下沉，剑尖上挑，手心朝上，平剑，剑尖高与头平；左剑指向下按于右腕处，手心向下；目视剑尖 。（图6-2-58）

五、第四段

1. 退虚步云抱剑（拨云见日）

动作说明：

左、右脚相继后退一步成左虚步；同时，右手持剑，向左经脸前平绕一周，肘微屈，手心朝上，平剑，剑尖齐眉；左手剑指向左平绕，向前按于右腕处，手心朝下；目视剑尖。（图6–2–59、图6–2–60）

图6–2–59

图6–2–60

2. 退虚步云抱剑（拨云见日）

动作同图6–2–59、图6–2–60。

3. 提膝云抱剑（拨云见日）

动作说明：

右腿挺直，左腿屈膝提起；右手持剑，向左经脸前平绕一周，肘微屈，手心朝上，平剑，剑尖齐眉；左手剑指向左平绕，向前按于右腕处，手心朝下；目视剑尖。（图6–2–61、 图6–2–62）

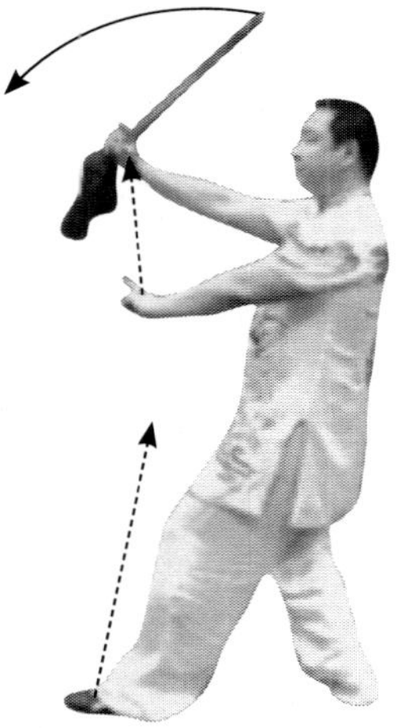

图6-2-61

图6-2-62

4. 进步点剑（追虎赶羊）

动作说明：

（1）左脚向前落步成左弓步；右手持剑，向前点击，虎口朝前上方，立剑，剑尖同膝高；上身微前倾；目视剑尖。（图6-2-63）

图6-2-63

（2）右脚向前上步，两腿屈膝；同时，右手持剑，沉腕回收，剑尖崩起并迅速向前点击。（图6–2–64）

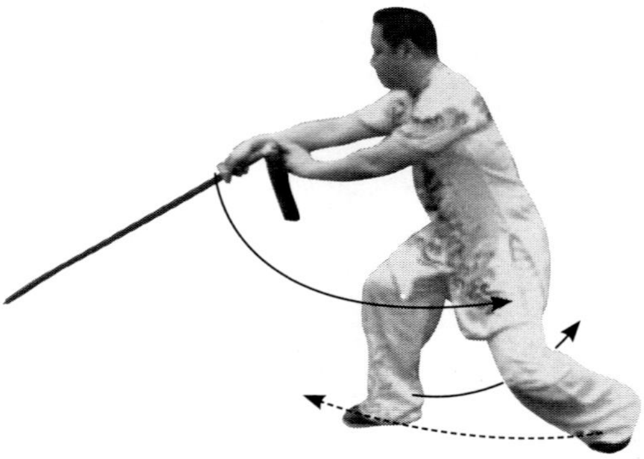

图6–2–64

图6–2–65

5. 跳马步挂点剑（野马奔槽）

动作说明：

（1）身体左转；右脚蹬地跃起，屈膝后撩，脚掌朝上，左脚跳换步向前盖落；同时，右手持剑，臂内旋，经体前向左抄挂；目视左方。（图6–2–65）

（2）右脚向右落步，脚尖内扣，两腿屈膝半蹲成马步；同时，右手持剑，经脸前向上横举，向右下方点击，虎口朝斜上方，立剑；左手剑指向左划弧，屈肘抖腕亮指于头左上方，剑指朝右；上身微右倾；目视剑尖。（图6–2–66）

图6-2-66

六、第五段

1. 交叉步抱剑（琵琶遮面）

动作说明：

右脚经左腿向后退步成交叉步；右手持剑，回抽上举至头左前方，手心朝内，立剑；左剑指下落，按于右腕内侧，手心朝外，剑指朝右，屈肘，臂撑圆；上身挺直；目视右前方。（图6-2-67）

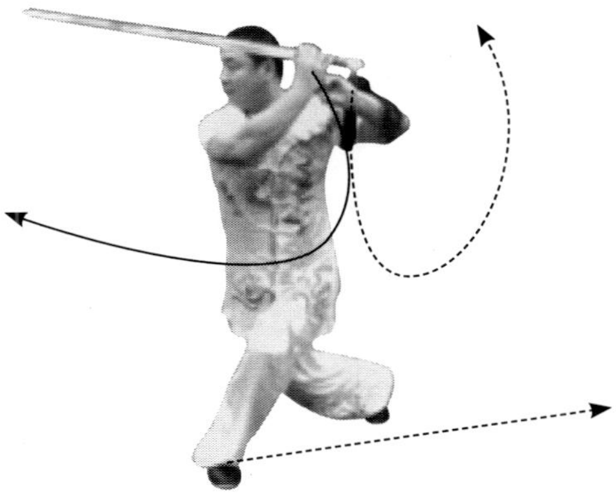

图6-2-67

2. 马步反撩剑（顺风挑袍）

动作说明：

左脚向左退步成马步，身体微右转；上身前倾；同时，右手持剑，剑柄领先向左划弧，经体前向右下方撩起，虎口朝下，立剑，剑尖朝前上方；左手剑指向下经体前划弧，直臂向左上方摆举，手心朝上，剑指朝右；目视剑尖。（图6–2–68）

图6–2–68

3. 交叉步抱剑（琵琶遮面）

动作同图6–2–67。

4. 马步反撩剑（顺风挑袍）

动作同图6–2–68。

5. 交叉步抱剑（琵琶遮面）

动作同图6–2–67。

6. 马步反撩剑（顺风挑袍）

动作同图6–2–68。

7. 蹲步后点剑（回身摘果）

动作说明：

身体略向左转；左脚尖外展，右脚向左脚并拢，两腿屈膝半蹲；同时，右手持剑，以腕为轴，向下经体前向上划一立圆，然后身体向右后转，同时，右手持剑向后点击，立剑，剑尖低于腕；左手剑指由上向下按于右肩处；目视剑尖。（图6–2–69）

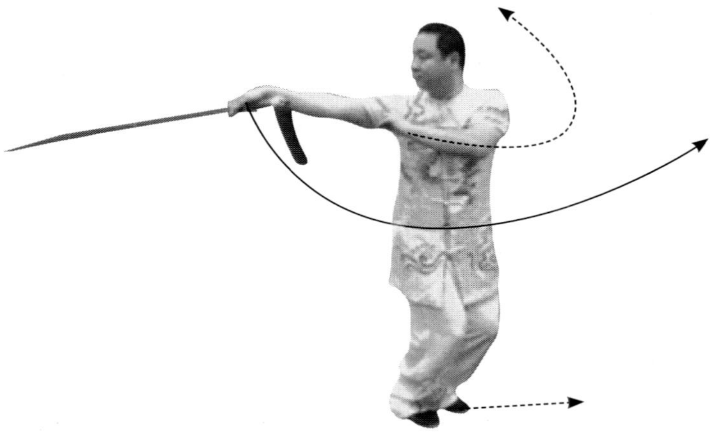

图6–2–69

8. 虚步仰身前刺（弯弓射虎）

动作说明：

身体左转，上身略后仰；左脚向前迈出，脚尖点地成左虚步；左手剑指经脸前向上横架于头左上方，手心朝上，剑指朝右；右手持剑，向下经右腰侧向前直刺，虎口朝上，立剑，剑同肩高；目视剑尖。（图6–2–70）

图6–2–70

9. 提膝提剑前指（毒蛇寻食）

动作说明：

身体微右转，并前倾；右腿挺直，左腿屈膝提起；右手持剑，经身体右侧向后提拉剑柄，剑尖向前下，立剑；左手剑指随即向左前方平伸前指，手心朝下，剑指指尖朝前；目视剑指。（图6–2–71）

图6–2–71

10. 上步提膝下刺（乌龙入海）

动作说明：

左脚向左前方落步，右脚向前上一步， 腿挺直，左腿屈膝提起，身体左转90° ；同时，右手持剑，经体右侧向前下方刺出，虎口斜朝上，立剑；左手剑指直臂经体侧划弧形后摆并斜上举，剑指指尖向后，剑与两臂成一条线；上身微前倾；目视剑尖。（图6–2–72）

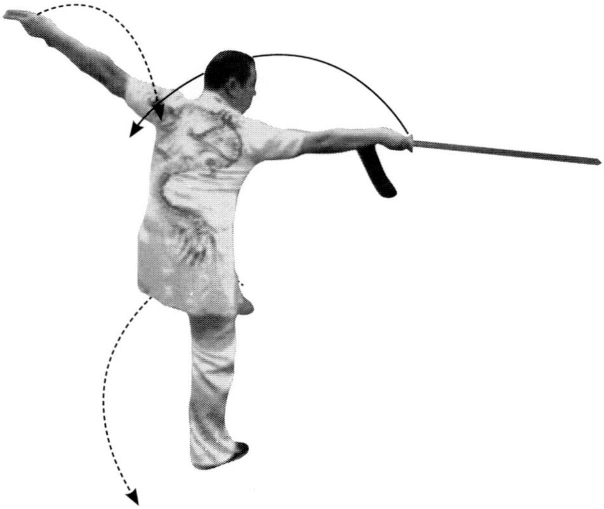

图6–2–72

七、第六段

1. 进步腕花弓步点剑（梨花舞袖）

动作说明：

（1）身体左后转180°；左脚向前落步，脚尖外展，两腿屈膝；同时，右手持剑，以剑柄领先向上提剑，并以腕为轴向下经体前向上划一立圆；左剑指按于右腕处。（图6-2-73）

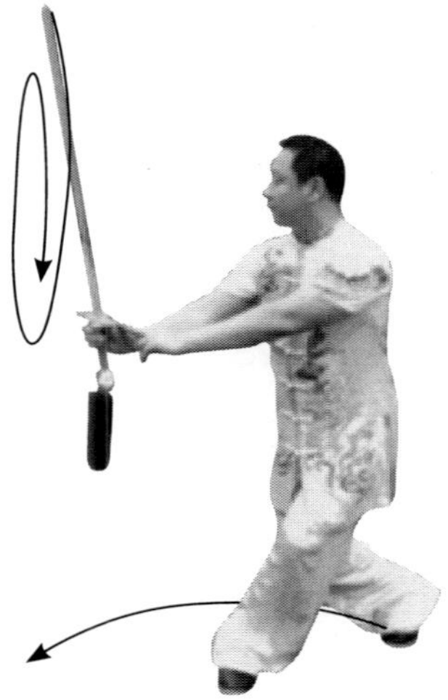

图6-2-73

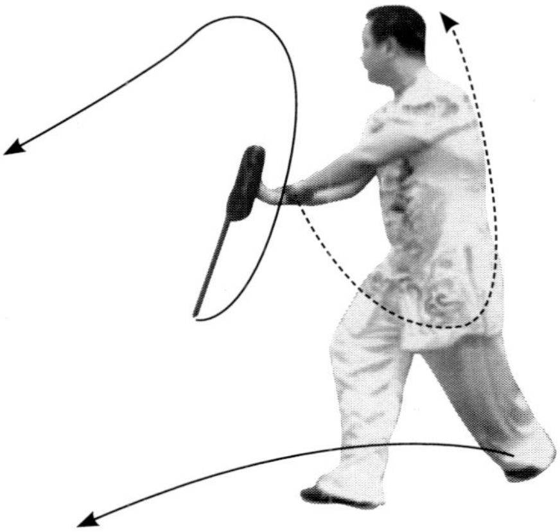

图6-2-74

（2）身体右转；右脚向前上步，脚尖外展，两腿屈膝；右手持剑，以腕为轴，向下经身体右侧向前划一立圆，剑尖朝下。（图6-2-74）

（3）左脚向左前方上步，屈膝成左弓步；同时，右手持剑，向前下方点击，力达剑尖，立剑；左手剑指向下经体侧向后划弧，屈肘抖腕，在头左上方亮指；上身微前倾；目视剑尖。（图6-2-75）

图6-2-75

2. 跳插步挂劈剑（猛虎跳涧）

动作说明：

（1）身体左转；右腿屈膝提起，脚背扣于左腿腘窝处；同时，右手持剑，臂内旋，经体前向左抄挂，虎口朝左，立剑；左剑指向左下划弧按于右腕处；目视左方。（图6-2-76）

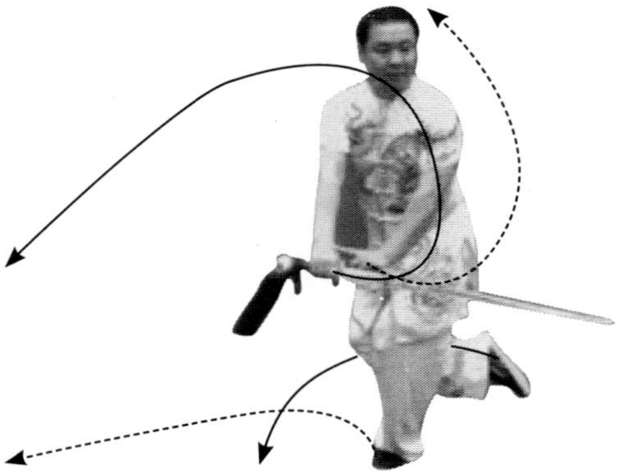

图6-2-76

（2）左脚蹬地跃起，右脚向右侧落步，屈膝半蹲，左脚经右腿向右后侧插落，腿伸直，脚尖点地，成交叉步；上体左倾并前俯；同时，右手持剑，经脸前上举并向右下方劈击，立剑，剑与臂成一条线；左手剑指向下经体侧向左划弧，屈肘抖腕，在头左上方亮指；目视剑尖。（图6-2-77）

图6-2-77

3. 转身弓步前刺（仙人转影）

动作说明：

（1）身体左后转270°，两腿屈膝；右手持剑，随转身提至右腰侧，虎口朝上，立剑；左手剑指随身转动至左前方，手心向前，剑指指尖朝上；目视前方。（图6-2-78）

图6-2-78

（2）紧接上动，身体左转；右腿蹬直成左弓步；右手持剑向前直刺，力达剑尖，立剑；左手剑指向后伸臂，掌心朝后，剑指指尖向上，剑与双臂成一条线；目视剑尖。（图6-2-79）

图6-2-79

4．左右盖步里外剪腕（游龙戏水）

动作说明：

（1）身体稍右转；右脚提起，经左腿前向左盖落，脚尖外展，左脚跟离地，两腿屈膝半蹲交叉；同时，右手持剑，屈肘，以腕为轴，向下、向上在身前划一立圆，反手点击，虎口朝右前方，手心朝内，立剑；左手剑指屈肘抖腕亮指于头左上方。（图6-2-80）

图6-2-80

（2）左脚提起，经右腿前向右盖落，脚尖外展，右脚跟离地，两腿屈膝半蹲交叉；右手持剑，向下经身体右侧向上划一立圆，并向下点击，虎口朝前，立剑；左手剑指按右手腕，目视剑尖。（图6-2-81）

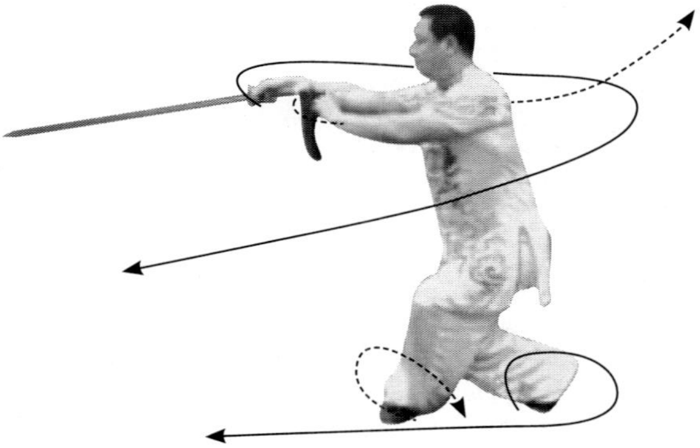

图6-2-81

5. 转身侧点步下截（狮子张口）

动作说明：

以两脚掌为轴，身体右后转360°；两腿挺直，右脚向右侧脚尖点地成右侧点步；同时，右手持剑，随转身臂外旋，向右下方扫截，掌心向下，平剑，剑尖低于腕，剑与臂成一条线；左手剑指向左上方伸出，剑指指尖朝左上方；上身微右倾；目视剑尖。（图6-2-82）

图6-2-82

八、收势

1. 转身云交剑（梨花盖顶）

动作说明：

以左脚掌为轴，身体左后转360°；右脚提起向左扣转并向左腿前落步，两腿屈膝；右手持剑，在脸前以腕为轴向左平绕一周，屈肘，臂外旋托举在胸前，掌心向内，立剑；左手剑指变掌，虎口张开，从右臂下向上抓握剑把，掌心向内；目视右前方。（图6–2–83、图6–2–84）

图6–2–83

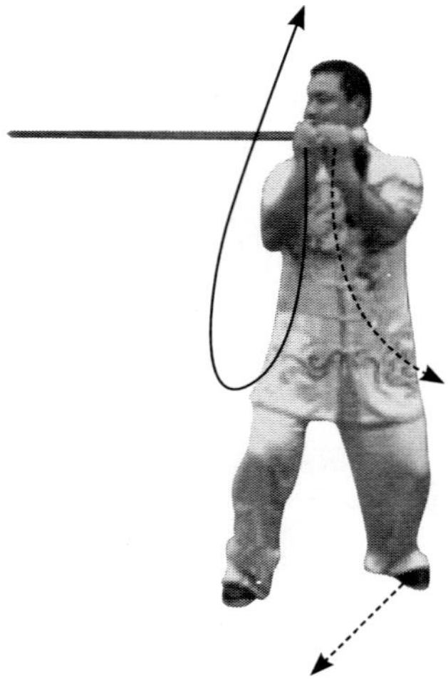

图6–2–84

2. 左虚步背剑亮指

动作说明：

身体左转；左脚向前上步，脚尖点地成左虚步；左手持剑，经体前垂落于身体左侧，掌心向后，剑尖向上，剑身紧贴前臂内侧；右手变剑指向下、向右划弧，屈肘抖腕亮指于头右上方；目视左方。（图6–2–85）

图6–2–85

3. 退步并步按指

动作说明：

（1）左脚向后退步；右手剑指向右平绕，经腰间向前穿出，掌心朝上，剑指朝前，臂直，同肩高；目视剑指。（图6-2-86）

（2）上动不停，身体右转；右脚向右后方退步，屈膝，成半马步；右手剑指向下经体侧向后伸摆；目视右方。（图6-2-87）

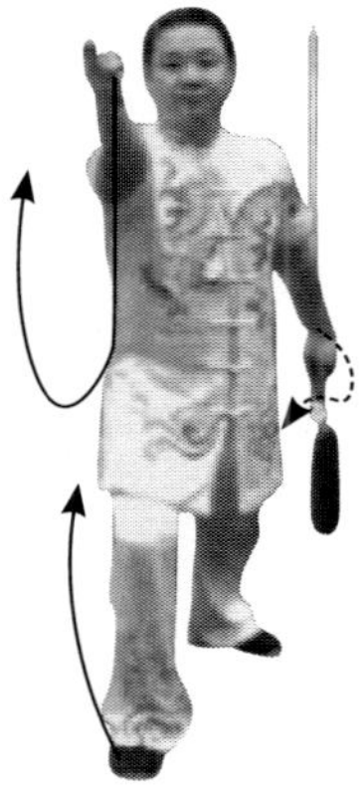

图6-2-86

图6-2-87

（3）上动不停，身体左转；左脚向右脚并拢，两腿挺直；右臂向上、向下划弧，按于右腰侧，掌心朝下，剑指指尖朝前，两肘略屈；目视左方。（图6-2-88）

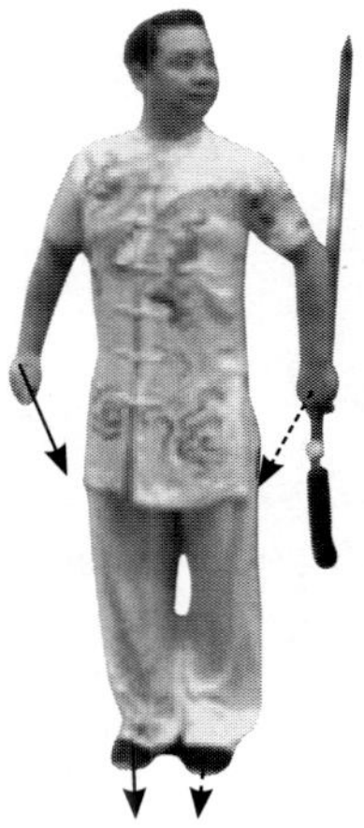

图6-2-88

4. 并步直立

动作说明：

左脚向前上一小步，右脚向前并步；同时，两臂松垂于体侧，手心向后，剑指指尖向下；目视正前方。（图6-2-89）

图6-2-89

第三节　锁喉枪动作解析

枪是中国古代的主要兵器之一，在冷兵器时代的战争中，使用最广泛的便是枪。相传在远古时的部落战争中，枪被称为“五兵”之一。矛是枪的前身，只是比后来的枪长得多，人称“丈八长矛”，大约相当于今天的4米左右。古时的长枪多用铁杆连通前面的枪尖，具有击刺杀伤的攻击力。12世纪前后还出现了枪与盾牌的对练表演。到14世纪，枪术除了作为战阵的军事武艺，在广大民间也有了极大发展。有“侠枪之家十七”的记载，如梨花枪、沙家枪、马家枪、峨嵋枪等。中国著名民间武术家吴殳所著《手臂录》，系统地阐述了枪的用法和练法，成为最早精辟说枪的理论著作。后来枪的制作大多都是用白木蜡杆，前面装有金属枪头。近代，武术成为一种体育运动项目，枪术是套路运动中长兵器项目之一，目前已成为国际武术比赛的主要项目。在民间文化交流中，枪术也成为健身运动的一种方式。

枪的构造主要由枪头、枪缨和枪杆组成，枪杆可分为枪身和枪把两部分。枪属于兵器中的刺兵，尤其强调扎枪要平直有力，力达枪尖，谚语中说“枪扎一条线”是枪的最基本要求。此外，练枪时枪要稳稳抓住，又能滑把、换把灵活，身体同枪和步的变化要灵活协调，充分体现如游龙般的变化。锁喉枪主要以扎枪、拦枪、拿枪为主，还有劈、崩、穿、点、云、拨、挑、缠、扫、架、捽、抛、抡、缩、撞、绞等枪法，以及戳、挑、撩、击、盖等把法和各种舞花枪等，配合各种步型、步法、跳跃等，构成套路。其运动特点是力贯枪尖、走势开展、上下翻飞、变幻莫测[1]。

一、预备势

并步持枪

动作说明：

右手持枪，并步站立；枪垂直立于身体右侧，枪把接触地面；左手成掌，掌心向内，自然下垂于身体左侧；目视前方。（图6-3-1）

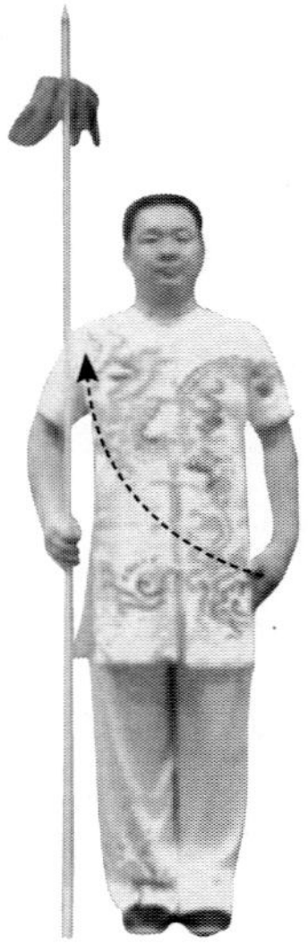

图6-3-1

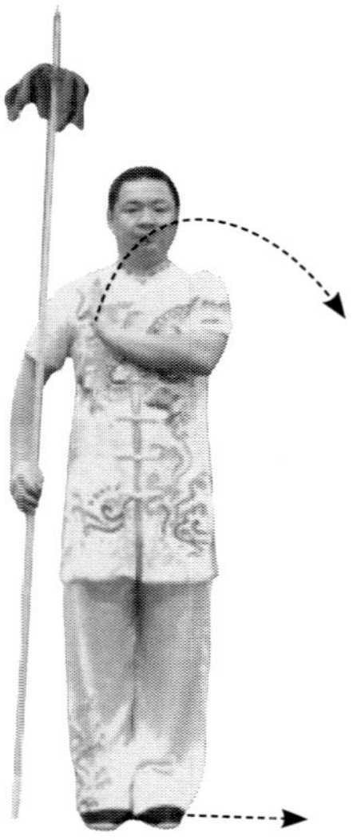

图6-3-2

二、第一段

1. 提膝单手扎枪（单凤朝阳）

动作说明：

（1）左掌经身前向上收至右肩前，掌心向右，立掌，掌指指尖向上。（图6-3-2）

①全国体育院校教材委员会. 中国武术教程［M］. 北京：人民体育出版社，2004.

（2）左脚向左侧开步；左掌经脸前向上、向左劈出；目视左掌。（图6-3-3）

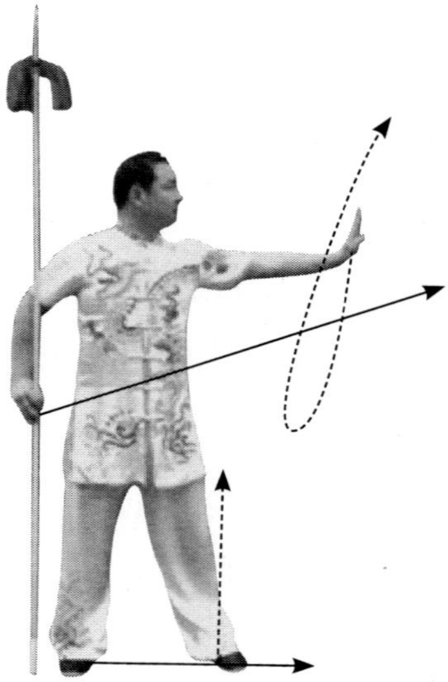

图6-3-3

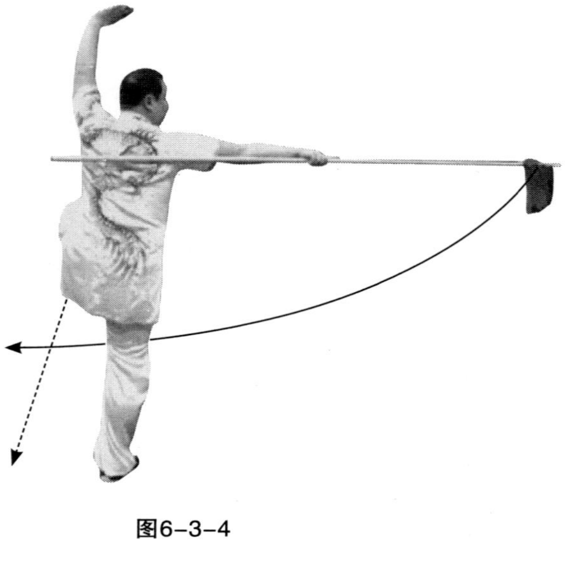

图6-3-4

（3）身体左转180°；右脚向前上步，腿挺直，左腿屈膝提起；同时，右手持枪向右扎出，枪身紧贴右臂后，枪与臂成一直线；左掌随转身向下经体前向左、向上划弧，屈肘抖腕亮掌于头左上方，掌心朝上；目视枪尖。（图6-3-4）

2. 虚步反扎枪（倒插金花）

动作说明：

（1）左脚向左侧落步，两脚开立；右手持枪，使枪尖向下经体前向左绕动，枪尖朝下；左手向下接握枪身前段，虎口朝枪尖，右手挑把。（图6-3-5）

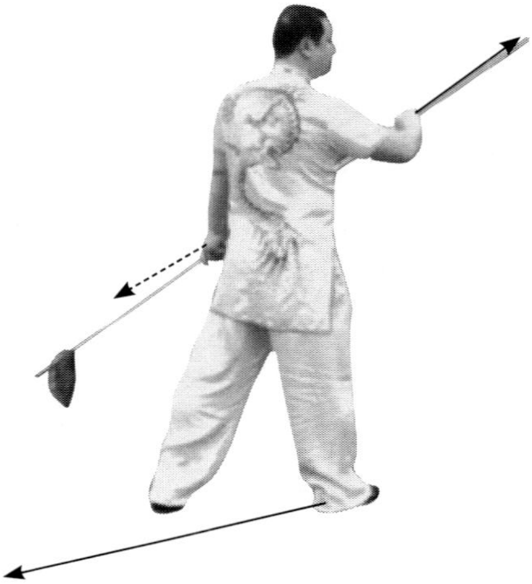

图6-3-5

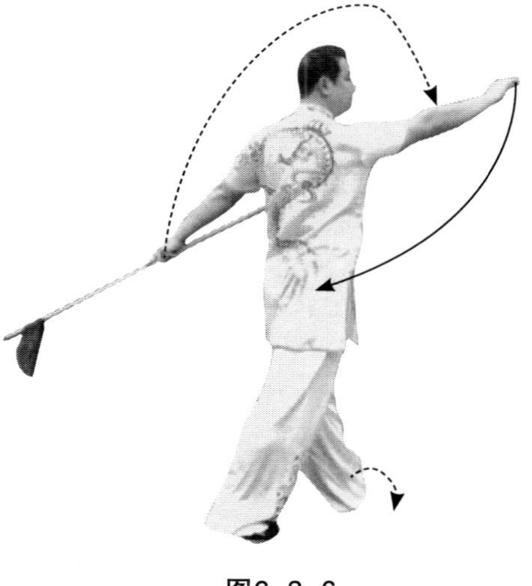

图6-3-6

（2）上动不停，右脚向后退步；右手滑握枪把；目视前方。（图6-3-6）

（3）上动不停，身体右后转180°；左脚脚尖内扣，脚尖朝前；同时，左手持枪向上、向前绕；右手握把向下经体前绕至右胯旁。（图6–3–7）

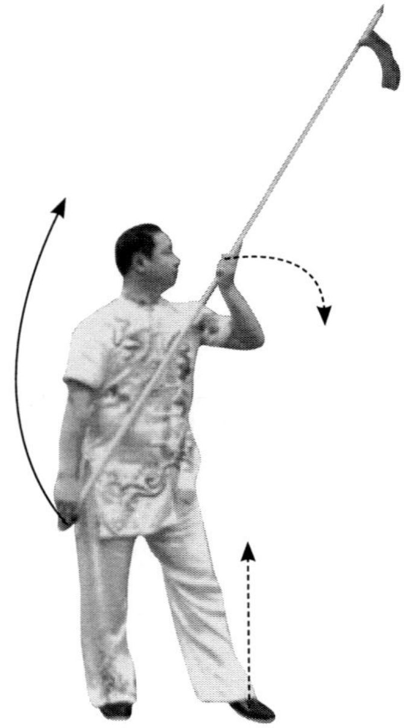

图6–3–7

图6–3–8

（4）上动不停，左腿屈膝提起；右手向后、向上拉起；左手向前、向下绕至脸前，手心朝上，枪尖朝前下，两肘略屈；目视枪尖。（图6–3–8）

（5）上动不停，右腿屈膝全蹲，左脚前落，脚尖点地，成左虚步；同时，右手在头上前推向前下方扎出；左手滑握枪身中段，手心朝上；目视枪尖。（图6-3-9）

图6-3-9

3. 弓步拿扎枪（仙人指路）

动作说明：

（1）左脚向前上半步，两腿屈膝下蹲成马步；同时，右手握枪把，由上向下翻腕下压至腰右侧；左臂内旋翻腕里合做拿枪；目视枪尖。（图6-3-10）

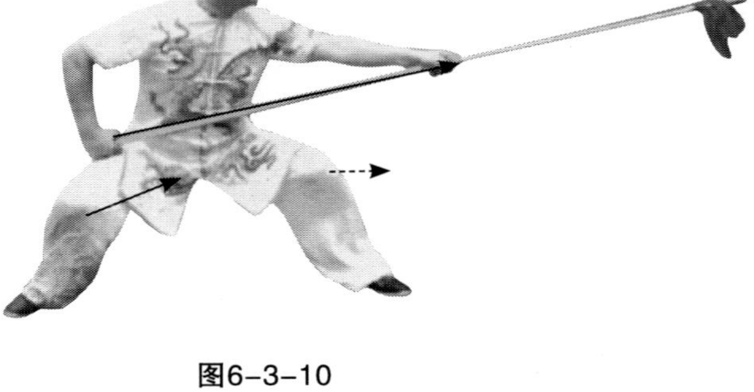

图6-3-10

（2）上动不停，右腿蹬直，身体左转成左弓步；同时，右手直臂前推，使枪尖向前平直扎出；左手滑握至右手前，后手必须触及前手；目视枪尖。（图6-3-11）

图6-3-11

4. 插步拦拿弓步扎枪（梨花摆头）

动作说明：

（1）右脚经左腿后向左后方插步；同时，右手抽把至腰右侧，随即右手握把上翻；左手持枪外翻拦枪。（图6-3-12）

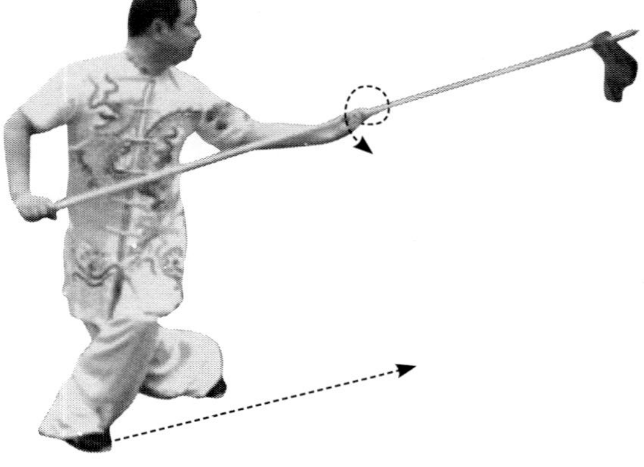

图6-3-12

（2）上动不停，左脚向前上步成马步；同时，右手握把下翻，左手持枪内扣拿枪。（图6–3–13）

图6–3–13

（3）上动不停，右腿快速蹬腿转胯，成左弓步；同时，右手推送枪把向前扎出，力达枪尖；目视枪尖。（图6–3–14）

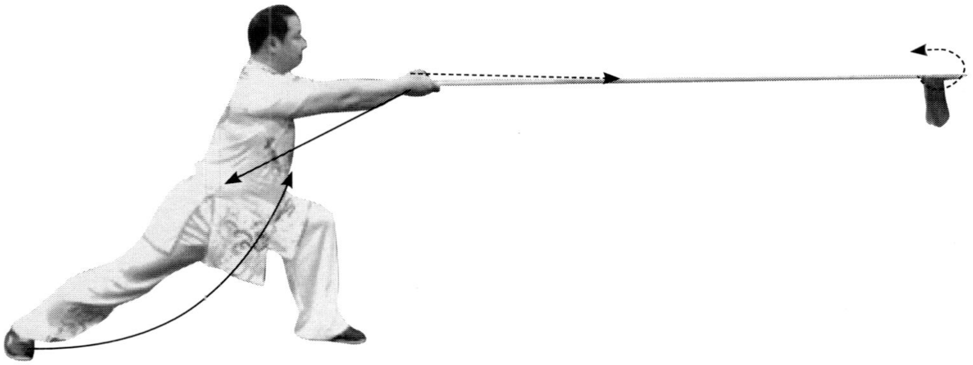

图6–3–14

5. 盖跳步拦拿弓步扎枪（猛虎扑食）

动作说明：

（1）右手向后抽把，左手向前滑握，身体微右转；同时，右腿向前踢摆，左脚蹬地跳起，做拦枪动作。（图6-3-15、图6-3-16）

图6-3-15

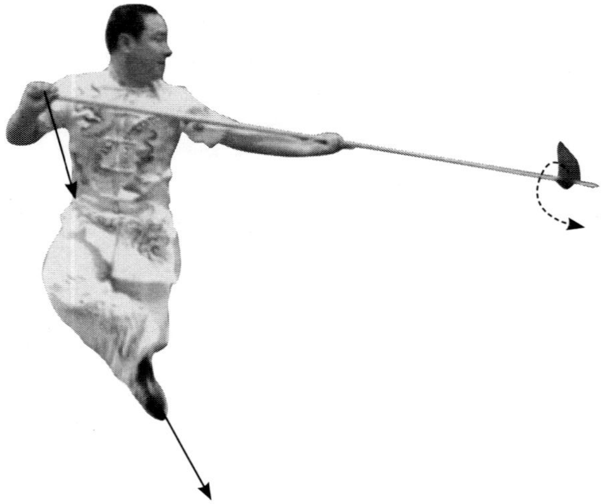

图6-3-16

（2）上动不停，右、左脚先后落地成马步；同时，两手持枪做拿枪动作。（图6-3-17、图6-3-18）

图6-3-17

图6-3-18

（3）紧接上动，右腿蹬腿转胯成左弓步；同时，右手推把向前扎出，力达枪尖；目视枪尖。（图6–3–19）

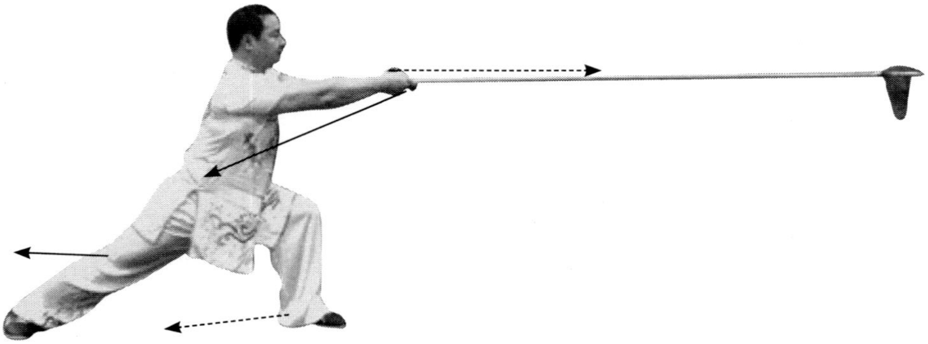

图6–3–19

6. 虚步崩枪（霸王挑车）

动作说明：

右腿屈膝半蹲，左脚后移半步，脚尖点地成左虚步；同时，右手向后抽按枪把；左手向前滑握枪身突然制动，使枪尖用力上崩，枪尖同头高；目视枪尖。（图6–3–20）

图6–3–20

7. 进步舞花枪（插花盖顶）

动作说明：

（1）身体直立；两腿挺直；左脚尖点地，左臂上屈，左手握枪，使枪尖向上划弧；右手滑握枪身中段。（图6-3-21）

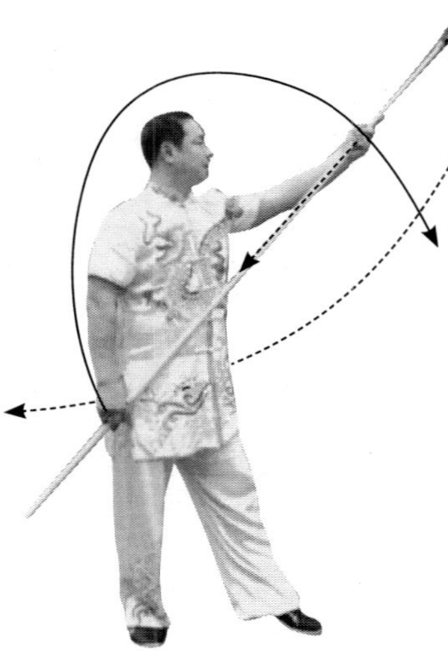

图6-3-21

（2）上动不停，身体左转180°；右脚蹬地，脚尖点地；同时，右手向前盖把，右脚向前上步；左手松握枪身，收至右腋下。（图6-3-22、图6-3-23）

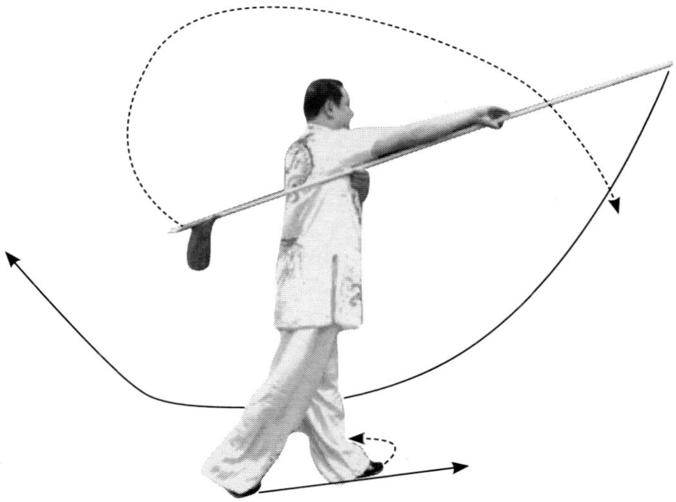

图6-3-22

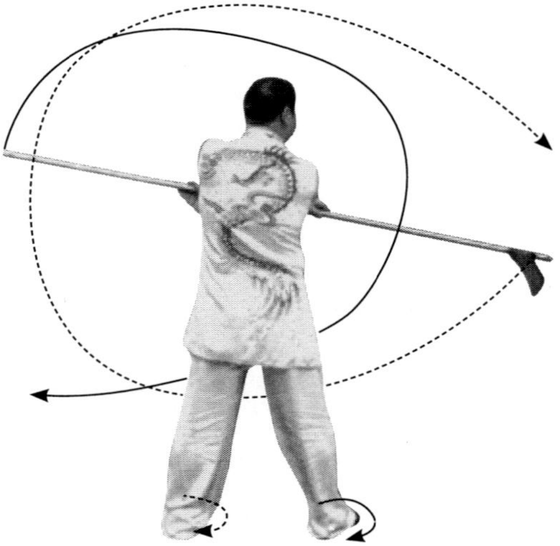

图6-3-23

（3）上动不停，左手握枪，向下经体前向上、向前立圆绕行一周；右手握枪，随之运行收至左腋下；身体右转；目视前方。（图6-3-24）

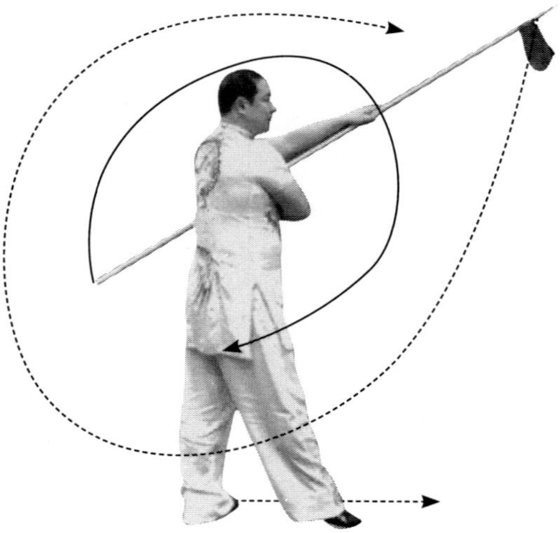

图6-3-24

（4）上动不停，身体右转；左脚向前上步，脚尖点地；同时，左手握枪，由上向下经右腿外侧向后、向上绕行一周；右手握枪随之运行。（图6-3-25）

图6-3-25

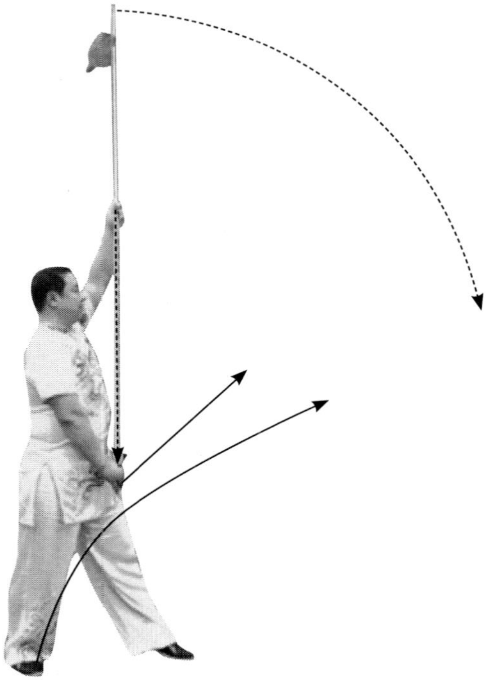

图6-3-26

8. 点腿点枪（喜鹊登枝）

动作说明：

（1）左脚向前上步，脚尖点地；两手握枪，立枪举至身前，枪尖朝上；目视前方。（图6-3-26）

（2）左脚踏实，直立支撑，身体后仰，右腿屈膝向前上方绷脚点出，力达前脚掌；同时，左手滑握枪身，两手持枪向前点击，力达枪尖；目视枪尖。（图6-3-27）

图6-3-27

9. 仆步抽枪（倒撒金钱）

动作说明：

右脚向后落步，屈膝全蹲，左腿平铺成左仆步；同时，右手握枪，经体前向右抽拉；左手滑握枪身前段，枪尖朝左下方；目视枪尖 。（图6-3-28）

图6-3-28

10. 弓步扎枪（仙人指路）

动作说明：

右腿蹬腿转胯，左腿屈膝成左弓步；身体左转；同时，右手推把向前扎出，力达枪尖；目视枪尖。（图6-3-29）

图6-3-29

三、第二段

1. 提膝单手架枪（金鸡上架）

动作说明：

左腿直立支撑，右腿屈膝提起；身体右转；同时，右手持枪向上、向右抽拉枪把，使枪身水平架于头顶上方；左手松开，向左推掌，掌指齐眉；目视前方。（图6-3-30）

图6-3-30

2. 弧形步单手架枪（拖枪败式）

动作说明：

（1）右脚向右前方落步，上体架枪不变；目视左前方。（图6-3-31）

（2）上动不停，左脚向右前方上第二步；目视右前方。（图6-3-32）

图6-3-31

图6-3-32

（3）上动不停，右脚向前上步，脚尖外展，左脚跟离地，两腿屈膝；身体右转；同时，右臂屈肘，右手持枪把落于胸前举枪；左臂屈肘，左掌收于把端，掌指朝上，掌心朝把；目视枪尖。（图6-3-33）

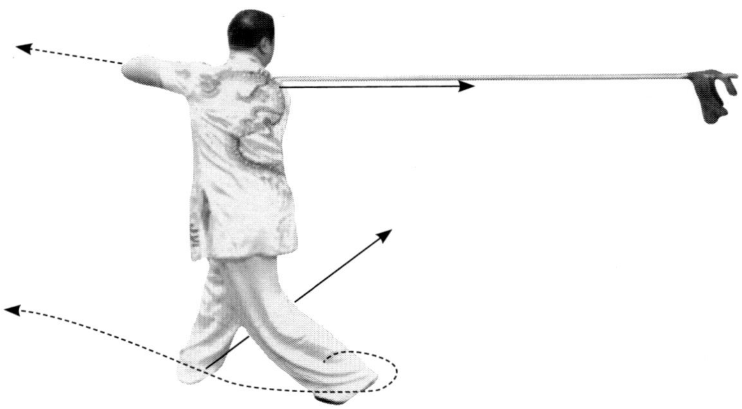

图6-3-33

3. 跳步单手扎枪（孤雁出群）

动作说明：

紧接上动，身体右转；右脚蹬地跳起，左脚向左后摆起；同时，右手向前平伸扎出，在空中完成弓步扎枪；左掌向左后方平伸，掌指朝上；目视枪尖。（图6-3-34）

图6-3-34

4. 插步拦拿弓步扎枪（梨花摆头）

动作说明：

（1）左、右脚先后落地，左手接握枪身后段。（图6-3-35）

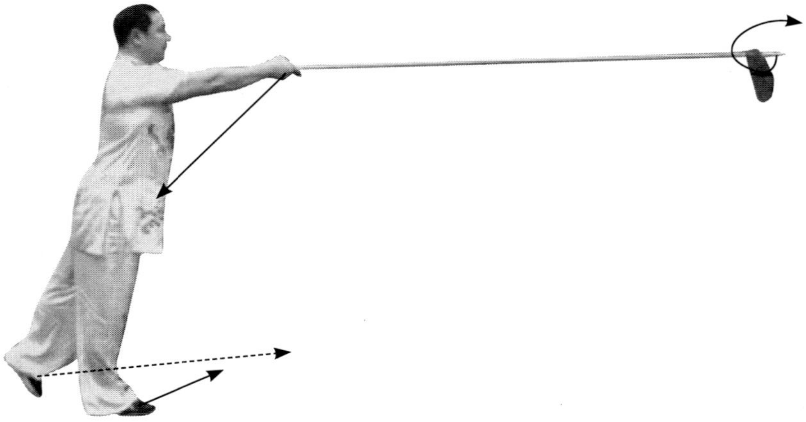

图6-3-35

（2）上动不停，身体右转，左脚向前上步，右脚向左腿后插落，两腿屈膝交叉；同时，做拦枪动作。（图6-3-36）

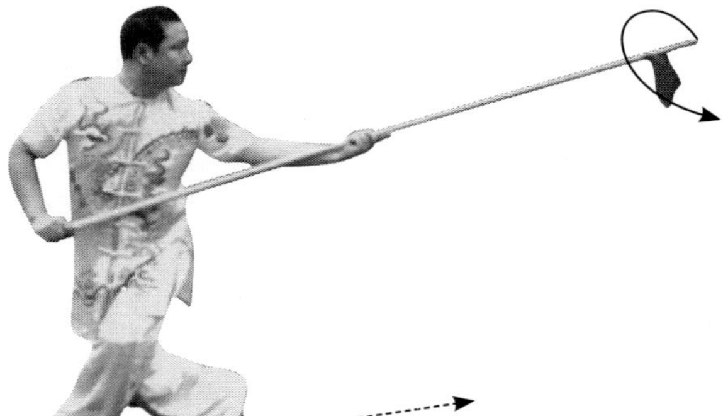

图6-3-36

（3）上动不停，左脚向左上步成马步；同时，做拿枪动作。（图6-3-37）

图6-3-37

（4）紧接上动，身体左转，右腿蹬腿转胯成左弓步；同时，右手推把向前扎出，力达枪尖；目视前方。（图6-3-38）

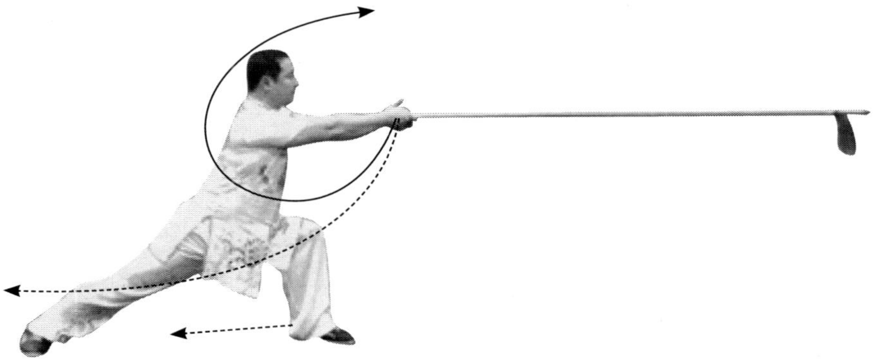

图6-3-38

5. 歇步劈枪（乌云盖顶）

动作说明：

（1）重心后移，身体左转，左腿蹬直后撤半步；同时，右手向后、向下、向上提拉枪把；左手滑握枪身中段，使枪尖向后下方划弧；目视枪尖。（图6-3-39）

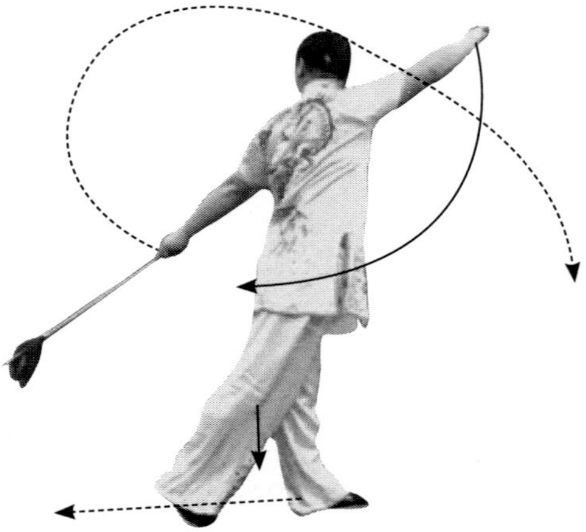

图6-3-39

（2）上动不停，左脚向后退步，两腿屈膝下蹲成歇步；同时，左手握枪向上、向前划弧平劈；右手握把收于腰右侧；目视枪尖。（图6-3-40）

图6-3-40

6. 弓步下拨枪（乌龙摆尾）

动作说明：

右脚向右前方上步成右弓步；左手滑向枪身中段，使枪尖向左上方弧形绕行并向右下方推，使枪尖向右下方拨出；目视枪尖。（图6-3-41）

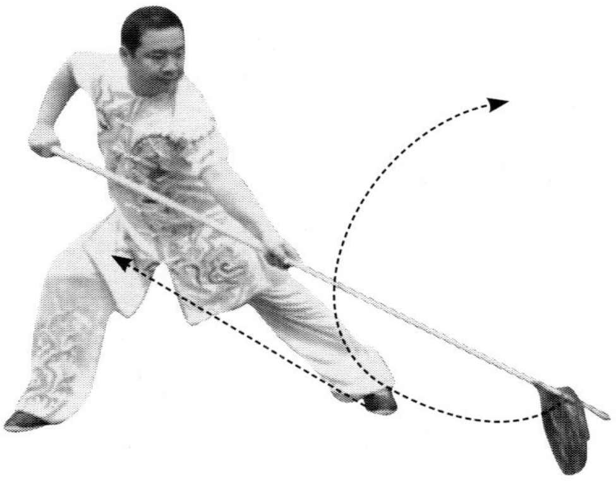

图6-3-41

7. 盖跳弓步拨抱枪（顺风扯旗）

动作说明：

左脚经右腿前向右摆动，右脚随即置地跳起，继而左、右脚先后落地成右弓步；同时，两手持枪，使枪尖向上、向左、向下、向右绕转一圈，左臂上屈，左手持枪抱于右肩前，手心向内；右手握枪置于右腹前；目视左方。（图6-3-42~图6-3-44）

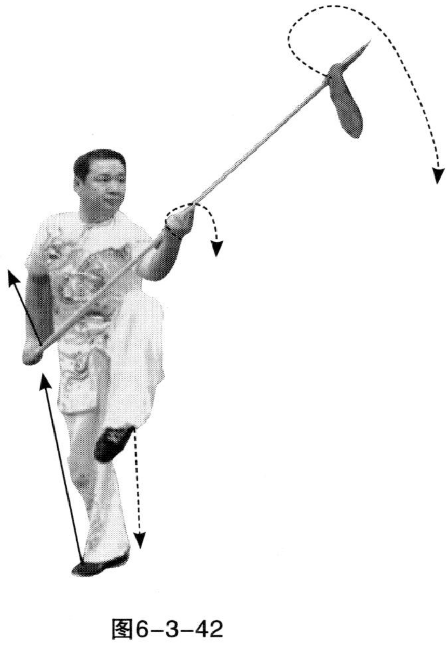

图6-3-42

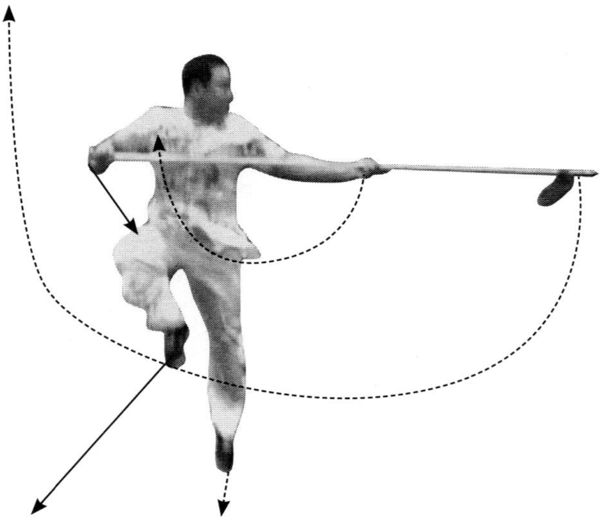

图6-3-43

图6-3-44

8. 插步下拨枪（黑虎摆尾）

动作说明：

右脚向左腿后插步；同时，左手持枪由上向下，向左后方弧形拨出；目视枪尖。（图6-3-45）

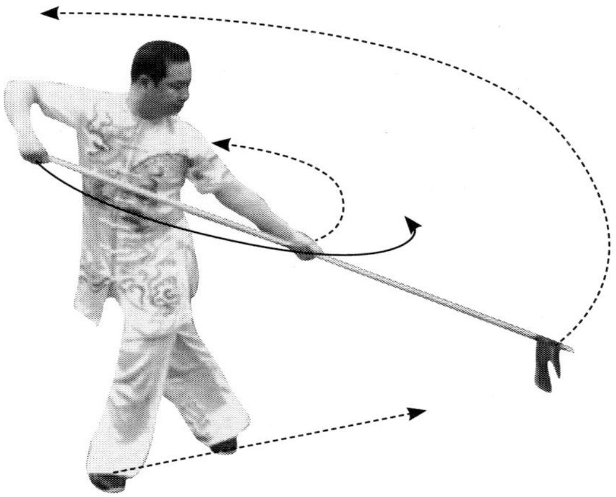

图6-3-45

9. 并步点枪（太公钓鱼）

动作说明：

（1）左脚向左前方上步，屈膝；同时，左手滑握枪身前段，使枪尖向左后方绕行，枪尖朝后；目视侧后方。（图6-3-46）

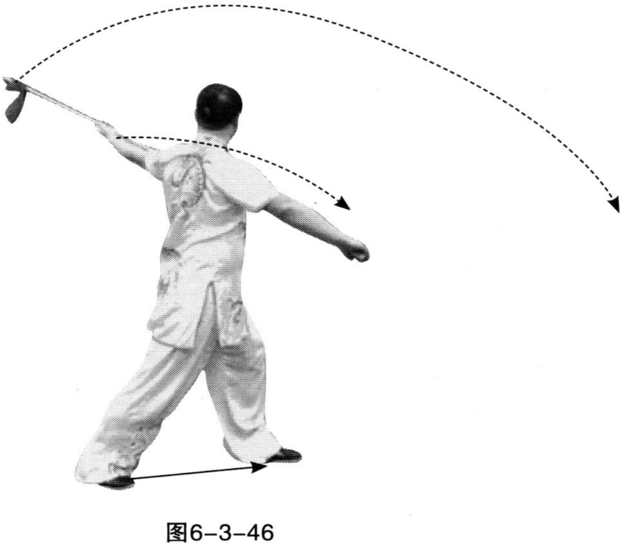

图6-3-46

（2）左腿挺直，右脚向左脚并步；同时，左手滑握枪身至右手处，两手持枪使枪向前下点击；目视枪尖。（图6-3-47）

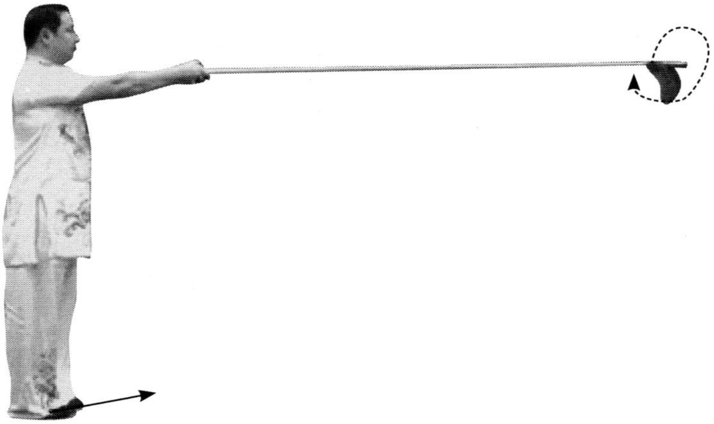

图6-3-47

四、第三段

1. 弧形步绞缠枪（白蛇吐信）

动作说明：

（1）右脚向左脚前方弧形上步，身体稍前倾，两腿微屈，左脚跟离地；同时，两手持枪，手腕用力，使枪身以左手为轴，枪尖沿顺时针方向绕圈绞枪；目视枪尖。（图6-3-48）

图6-3-48

（2）左脚向右脚前方弧形上步，身体稍前倾，两腿微屈，右脚跟离地；两手持枪，继续做第二次绞枪；目视枪尖。（图6-3-49）

图6-3-49

（3）右脚向前上步，身体稍前倾，两腿微屈，左脚跟离地；两手持枪，继续做第三次绞枪；目视枪尖。（图6-3-50）

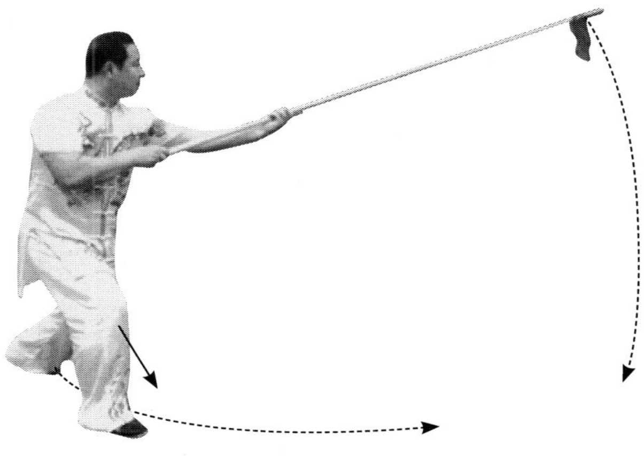

图6-3-50

2. 侧点步架枪（海底捞沙）

动作说明：

（1）右腿屈膝全蹲，左腿向前上步平铺，成左仆步；同时，右手向内划弧拿枪下压，两手持枪水平落至体前，枪尖朝前；目视枪尖。（图6-3-51）

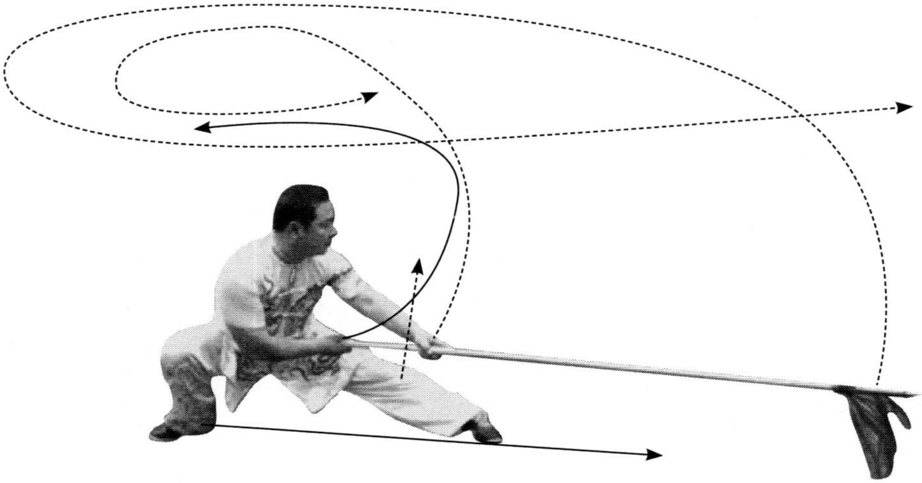

图6-3-51

（2）重心前移，左腿挺直，身体左后转180°，右脚向右侧伸出，脚尖点地成右侧点步；同时，两手水平持枪，向左后、向上弧形上举至头上方，两臂平转交叉，左手在右，右手在左，使枪平云一周，枪尖朝右；目视枪尖。（图6-3-52）

图6-3-52

3. 转身跳仆步劈枪（猛虎扑食）

动作说明：

（1）身体右后转180°；同时，右脚蹬地跳起，左腿屈膝上提；在空中，右手抽把上翻至右肩前；左手滑握枪身中段外翻拦枪。（图6–3–53）

（2）右脚落地，屈膝全蹲，左腿向左侧伸落成左仆步；同时，两手持枪扣把下劈，右手收至腰右侧，枪尖朝左；目视枪尖。（图6–3–54）

图6–3–53

图6–3–54

4. 弓步扎枪（仙人指路）

动作说明：

身体微左转；右腿蹬腿转胯，左腿屈膝成左弓步；同时，右手持枪向前推把扎出，枪尖朝前，枪与肩平，力贯枪尖；目视前方。（图6–3–55）

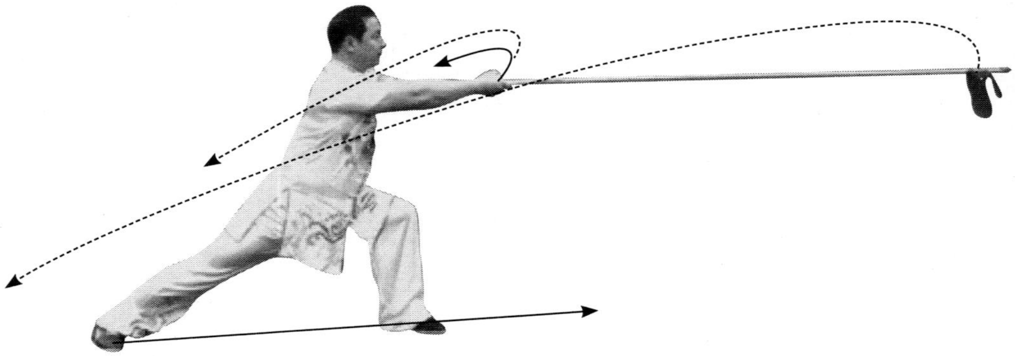

图6–3–55

五、第四段

1. 转身提膝下拨枪（拨草寻蛇）

动作说明：

（1）右脚向前上步，身体左转90°；左手滑枪至枪身中段，同时，两手持枪向左下平扫。（图6–3–56）

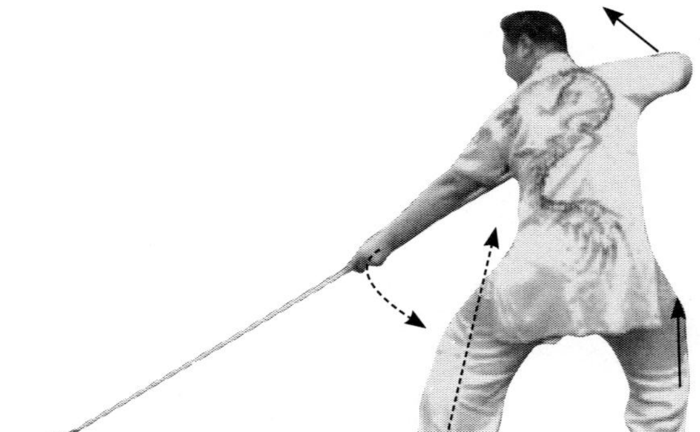

图6–3–56

（2）紧接上动，右腿挺直，左腿屈膝提起；同时，右手向右上方拉把，使枪尖向左后下方弧形拨出，枪尖朝后下方；目视左前方。（图6-3-57）

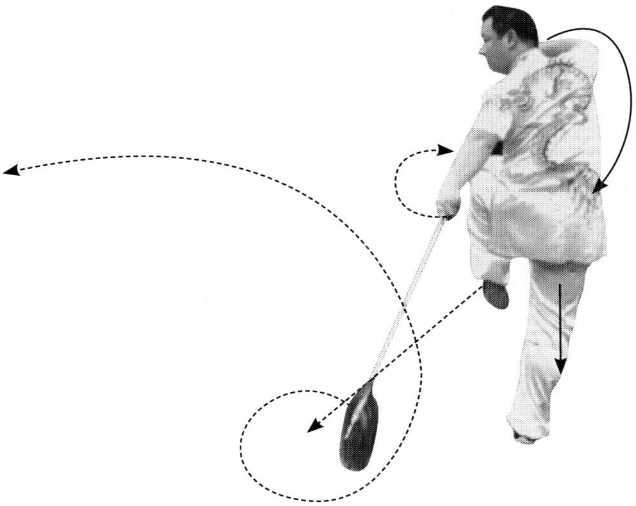

图6-3-57

2. 弓步拿扎枪（仙人指路）

动作说明：

（1）左脚向左侧上步成马步；同时，右手握把下翻收于腰右侧；左手持枪内扣拿枪。（图6-3-58）

图6-3-58

（2）身体略左转，右腿蹬腿转胯成左弓步；同时，右手推把向前扎出，力贯枪尖；目视正前方。（图6-3-59）

图6-3-59

3. 扣腿拦枪（金蝉脱壳）

动作说明：

右脚向前提起扣于左腿腘窝处；同时，右手向后回抽枪把；左手持枪外翻拦枪；目视枪尖。（图6-3-60）

图6-3-60

4. 后跳提膝立枪（脱身换影）

动作说明：

右脚向后伸落，腿挺直，左脚蹬地后跳，屈膝提起；同时，左手滑把握枪身前段；右手握把向上、向右经身体右侧向下滑把，戳把立枪于地上；左手持枪置于右肩前，枪尖朝上；目视左前方。（图6-3-61）

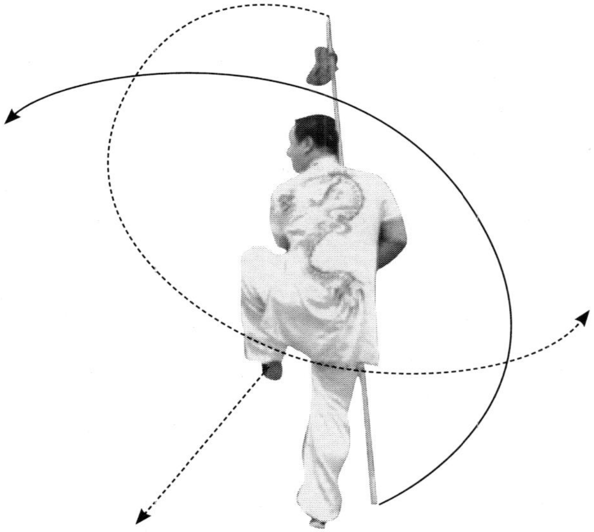

图6-3-61

图6-3-62

5. 进步舞花枪（劈盖连环）

动作说明：

（1）左脚向前上步，脚尖外展，身体左转；同时，右手握枪身中段向前盖把；左手松握枪身收至右腋下；目视前方。（图6-3-62）

（2）上动不停，右脚向前上步；右手握把，向下经左腿外侧向后、向上、向前，再向下、向后立圆绕行至左腋下，枪尖朝前；目视枪尖。（图6-3-63）

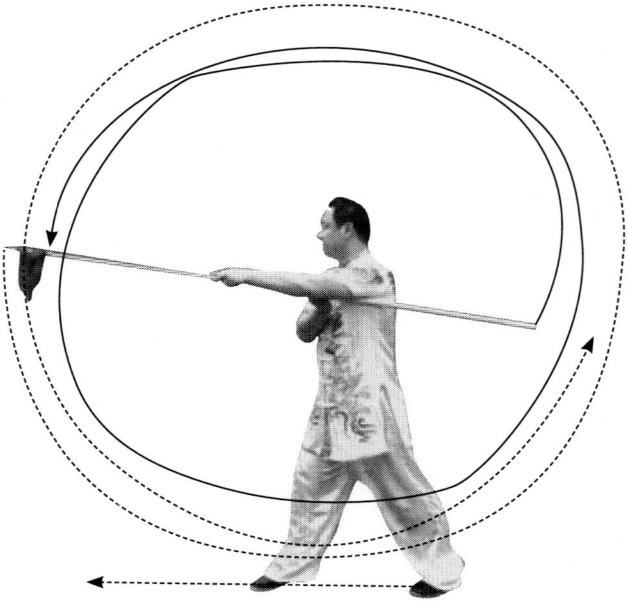

图6-3-63

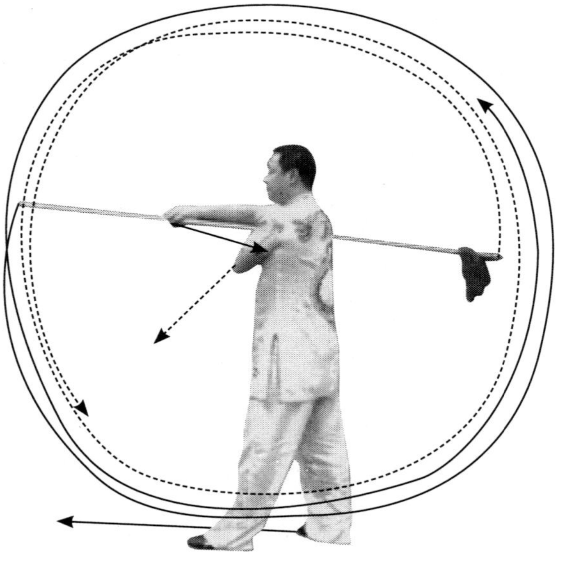

图6-3-64

（3）上动不停，左脚向前上步；左手持枪，向下经右腿外侧向后、向上、向前，再向下、向后立圆绕行至右腋下，枪尖朝后；目视前方。（图6-3-64）

6. 翻身背枪弓步挑掌（天马行空）

动作说明：

（1）右脚向前上步；右手持把，向下经左腿外侧，向后、向上、向前，再向下、向后立圆绕行，右手脱把放至左肩处；左手持枪，使枪身紧贴左臂后，枪尖朝下。（图6-3-65）

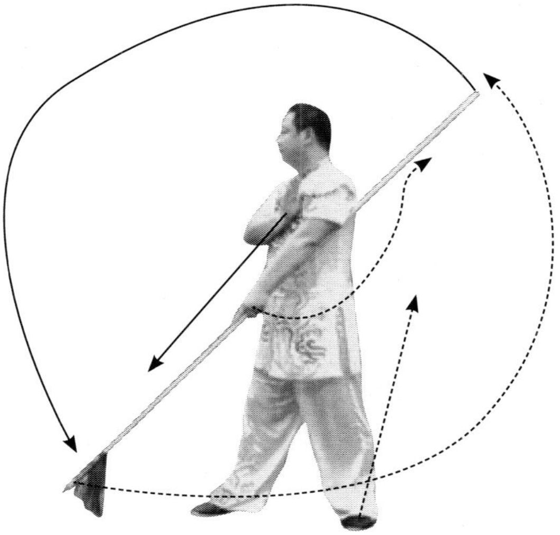

图6-3-65

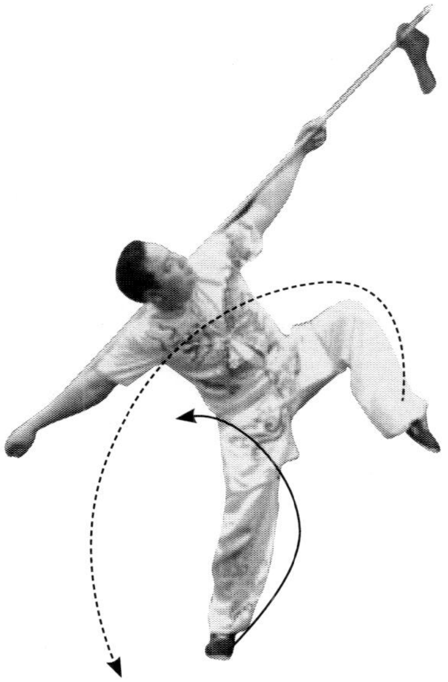

图6-3-66

（2）左腿屈膝提起并向左上摆起，身体同时向左后翻转；左手持枪向左上抡摆；右臂向右下方伸直。（图6-3-66）

（3）身体翻转一周后，左脚先落地，然后右脚向前落步成右弓步；同时，左手背枪于体后斜举；右掌收至左肩前；目视前方。（图6–3–67）

（4）右掌向下、向前上方挑起成侧立掌；目视右掌。（图6–3–68）

图6–3–67

图6–3–68

7. 马步单手反扎枪（倒拽牛尾）

动作说明：

（1）右手反握枪把，虎口朝向枪把；目视前方。（图6-3-69）

（2）右脚尖外展，左脚向前上步，两腿屈膝成马步，身体向右后转180°；同时，右手反把持枪向右扎出，枪尖朝右；左手松把向左、向上划弧，屈肘抖腕亮掌于头左上方，掌心向上；目视枪尖。（图6-3-70）

图6-3-69

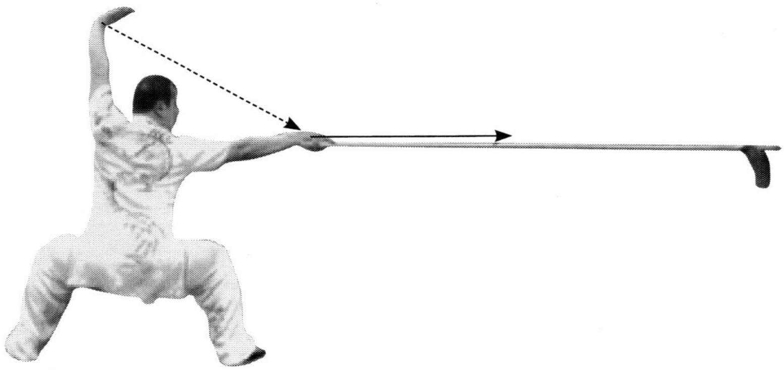

图6-3-70

8. 盖跳马步摇枪（小鬼推磨）

动作说明：

（1）右脚向左腿前摆提，左脚蹬地跳起；同时，左手经体前迅速抓握枪把，右手前滑做拦枪动作。（图6-3-71）

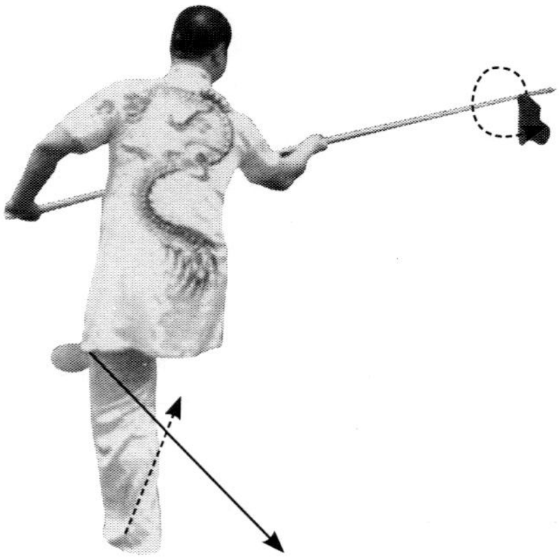

图6-3-71

（2）右脚、左脚先后落地成马步；同时，左手握枪把向前、向下弧形绕落右腰间；右手持枪向右下、向后、向上使枪尖弧形绕行一周，向下压枪，力达枪身前段；目视枪尖。（图6-3-72、图6-3-73）

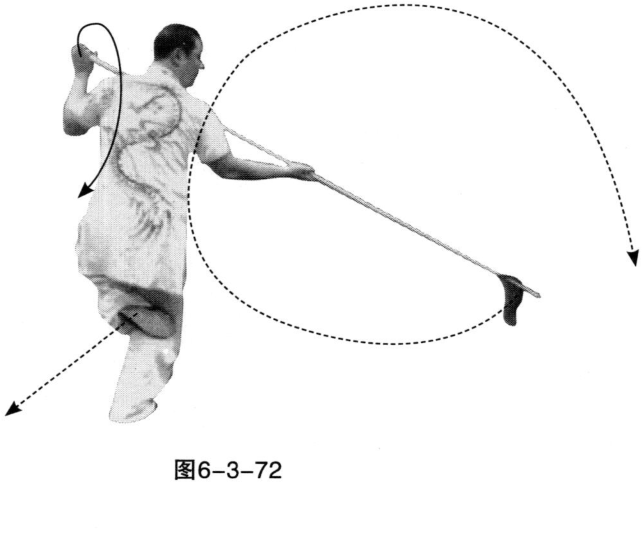

图6-3-72

图6-3-73

9. 虚步拦枪（怀抱琵琶）

动作说明：

身体微右转，左脚内扣，右脚后移半步，脚尖点地成右虚步；同时，两手持枪做拦枪动作。（图6-3-74）

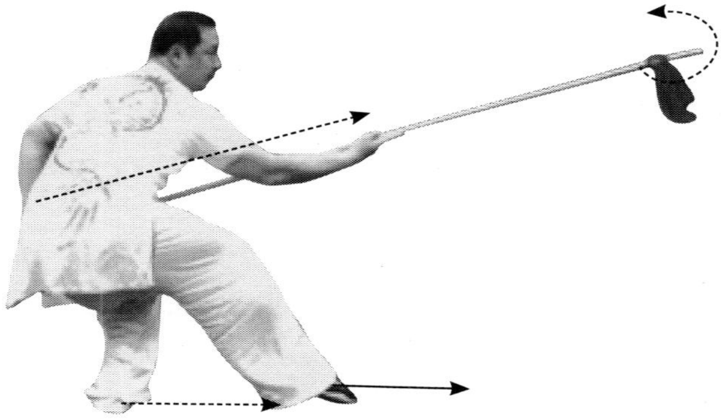

图6-3-74

六、第五段

1. 擦步后点步拿扎枪（美女穿针）

动作说明：

右脚向前进步，左脚擦步，脚尖点地成后点步；同时，右手持枪做拿枪动作，随后左手推把向前扎出，力贯枪尖；目视前方。（图6–3–75）

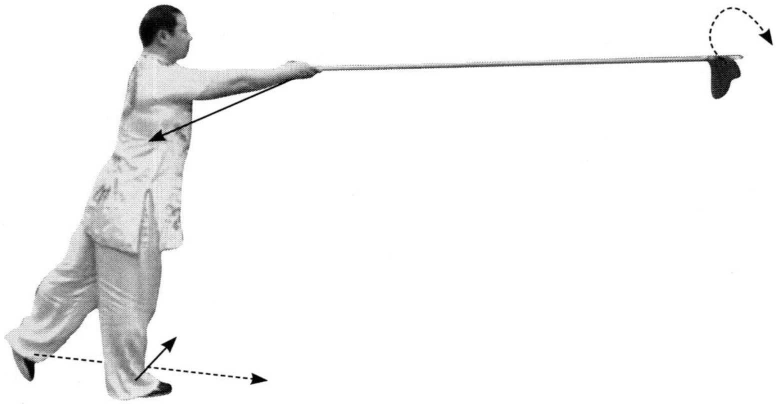

图6–3–75

2. 插步提拿弓步扎枪（梨花摆头）

动作说明：

（1）左脚向前上步，右脚经左腿后向左后插步，身体右转；同时，右手抽把至腰右侧，随即握把上翻；左手持枪外翻拦枪；目视枪尖。（图6–3–76）

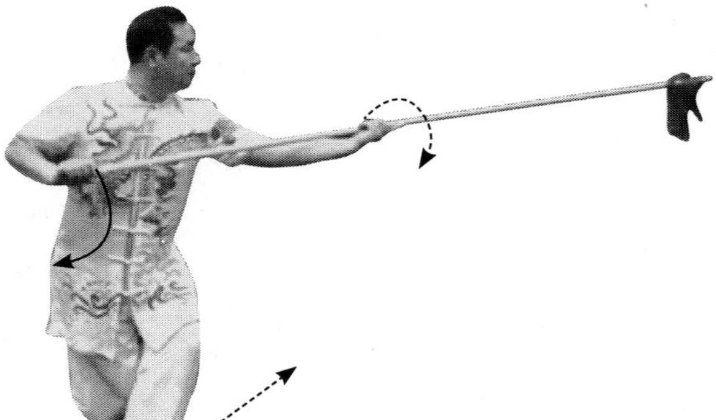

图6–3–76

（2）左脚向左跨步成马步；右手握把下翻；左手持枪内扣拿枪；目视枪尖。（图6–3–77）

图6–3–77

（3）右腿蹬腿转胯成左弓步；同时，右手推送枪把向前扎出，力贯枪尖；目视前方。（图6–3–78）

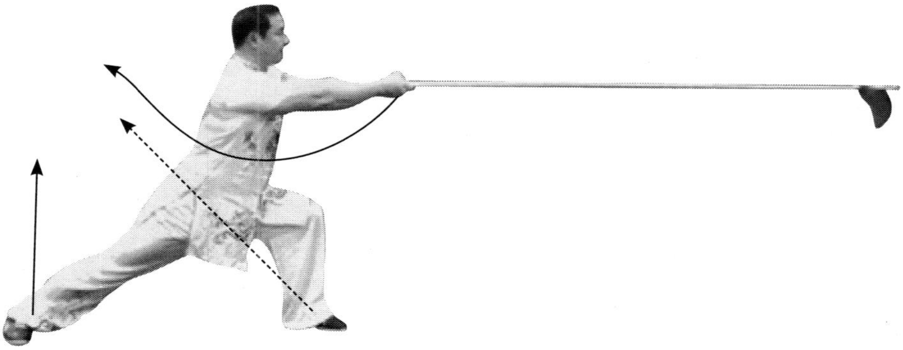

图6–3–78

3. 提膝抽枪（灵蛇寻食）

动作说明：

身体重心后移至右腿，右腿直立支撑，左腿屈膝提起，身体微前倾；同时，右手抽提枪把至右肩侧；左手向下滑握枪身中段，枪尖朝下；目视枪尖。（图6-3-79）

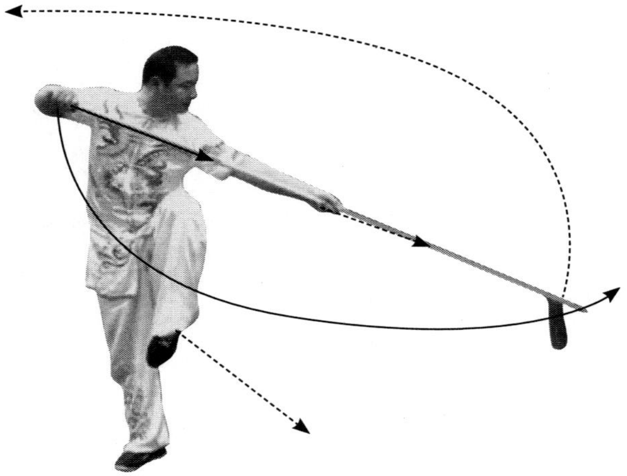

图6-3-79

4. 跳步挑把（鹞子翻身）

动作说明：

（1）左脚向前落步；左手向上滑屈肘回收；右手由下向上挑把，同时，滑把至枪身中段；目视前方。（图6-3-80）

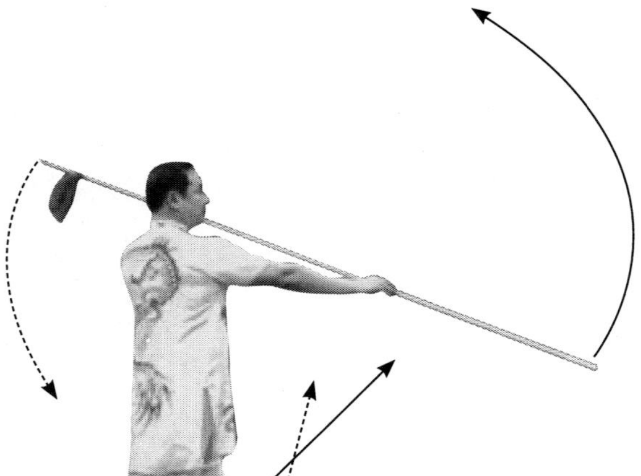

图6-3-80

（2）右脚向前上摆起，左脚蹬地跳起，在空中，身体左转180°；同时，右手持把，继续向上挑把；目视枪把。（图6-3-81、图6-3-82）

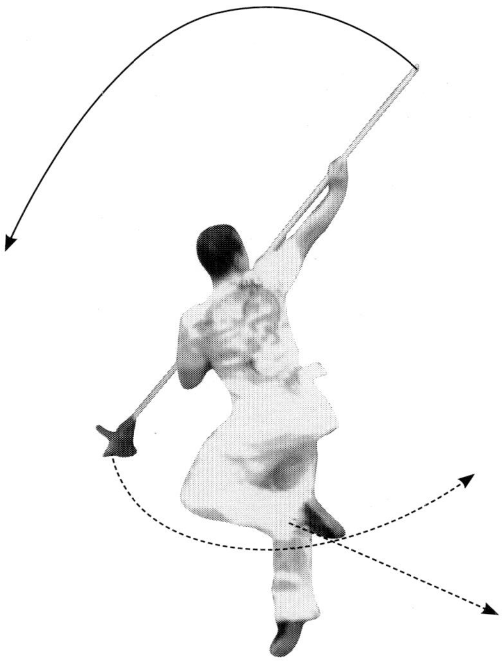

图6-3-81

图6-3-82

5. 转身弓步扎枪（仙人指路）

动作说明：

上动不停，身体继续左转180°，右、左脚先后落地成左弓步；同时，右手滑枪至把端，右手由腰间向前推送枪把扎枪，力贯枪尖；目视前方。（图6-3-83）

图6-3-83

6. 转身左右绕喉穿枪（玉女穿梭）

动作说明：

（1）身体重心后移，左腿挺直，右脚回收，两脚间距与肩同宽，两脚开立，身体右转；同时，右手向后拉把，臂外旋使手心向上托把；左手滑握枪身前端，枪身平置于胸前；目视左方。（图6-3-84）

图6-3-84

（2）上动不停，左手向右推枪，使枪杆在右掌上平滑穿行，左手松开枪身收至腰间；右手握住枪头处；目视枪把。（图6-3-85）

（3）紧接上动，身体右后转180°，右脚后撤一步，两脚开立；同时，右手内旋向右后拉枪，左手顺势在右手前面滑握枪身把段。（图6-3-86）

图6-3-85

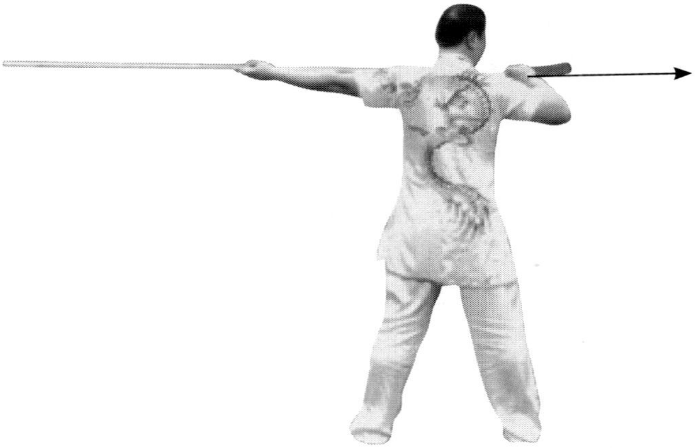

图6-3-86

（4）左手向右前推送枪把，使枪杆在右手中平滑穿行；左手松开枪身置于身体左侧；右手及时握住枪把；目视枪尖。（图6-3-87、图6-3-88）

图6-3-87

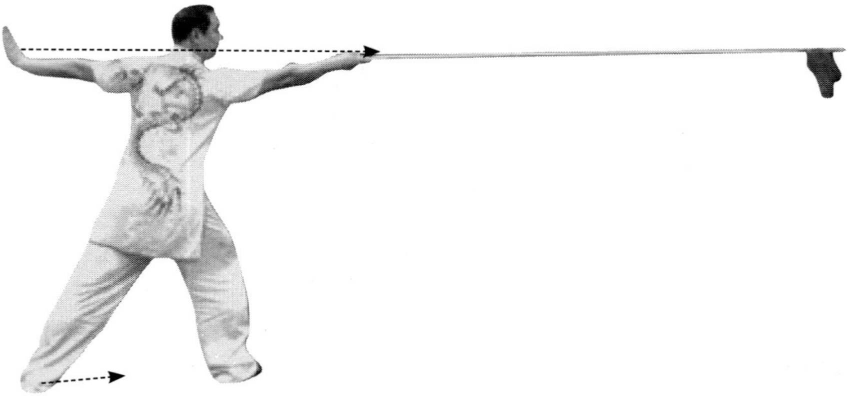

图6-3-88

7. 插步拦拿弓步扎枪（梨花摆头）

动作说明：

（1）身体右转，左脚尖向后点地成后点步；同时，左手接握枪把于右手前面。（图6-3-89）

（2）上动不停，身体继续右转，左脚向前上步，右脚经左腿后插步；同时，右手抽枪把至腰右侧，随即推把上翻；左手持枪外翻拦枪。（图6-3-90）

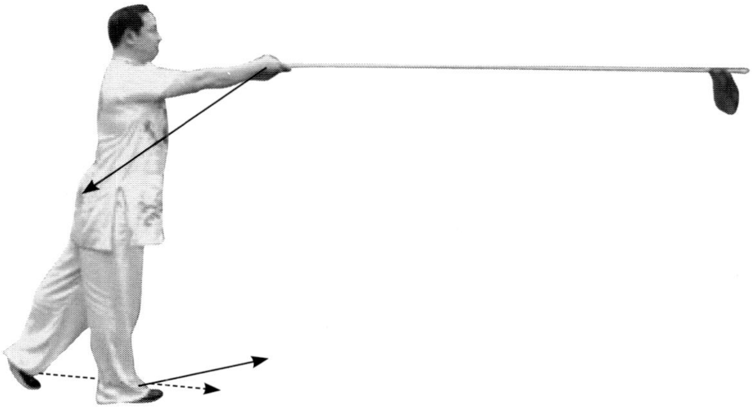

图6-3-89

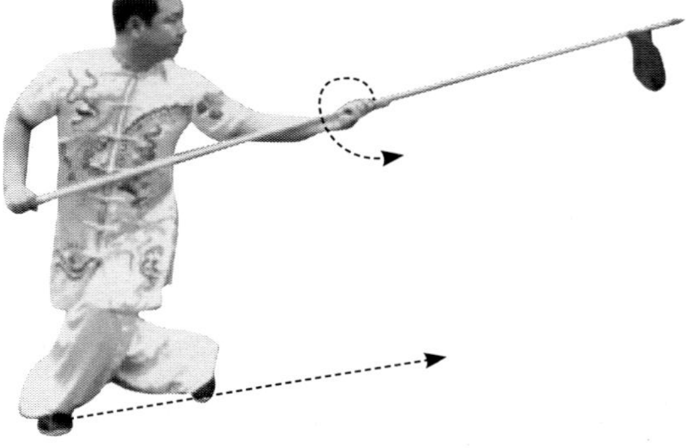

图6-3-90

（3）上动不停，左脚向左上步成马步；右手握把下翻；左手持枪内扣拿枪。（图6–3–91）

（4）上动不停，右腿蹬腿转胯成左弓步；同时，右手推送枪把向前扎出，力贯枪尖；目视前方。（图6–3–92）

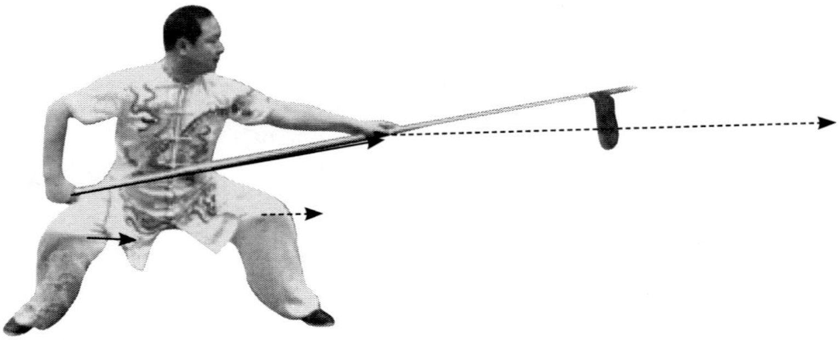

图6–3–91

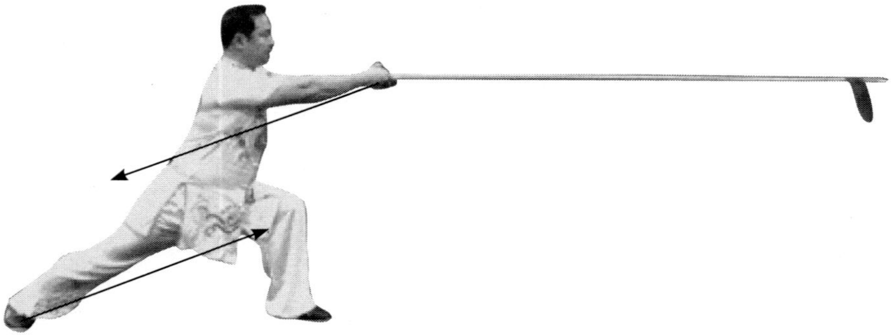

图6–3–92

8. 后跳歇步背枪（苏秦背剑）

动作说明：

（1）右脚抬起，扣于左腿腘窝处；同时，左手松握上抬；右手持枪回抽至腰右侧，使枪尖上翘；目视枪尖。（图6-3-93）

（2）紧接上动，左脚向后落地并蹬地起跳，右脚向左落地，右腿经左腿前盖落，两腿屈膝交叉全蹲成歇步；同时，右手反握枪把向后拉伸，左手松握滑把，然后，两手持枪上举，经头上方下落至背后，左手屈肘托枪，掌心向上，枪身紧贴于后背；右手以食指和中指顶住枪底；目视枪尖。（图6-3-94）

图6-3-93

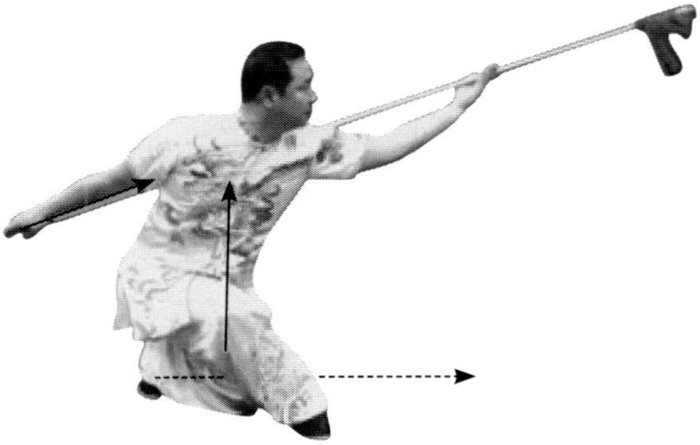

图6-3-94

9. 背后穿接枪（白鹤穿云）

动作说明：

（1）身体立起，左脚向前上步；右手手腕发寸劲，用食指和中指用力将枪向前送出，使枪向前脱手穿出；穿枪时左手手掌微微上抬，同时左臂微屈回收。（图6-3-95、图6-3-96）

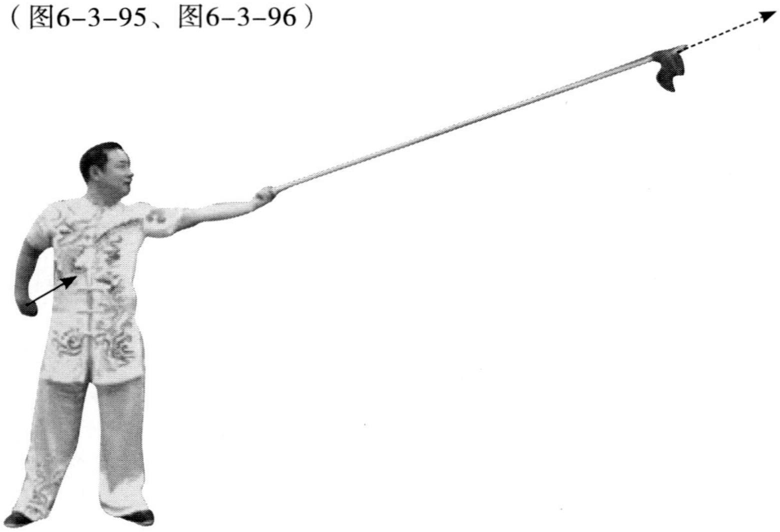

图6-3-95

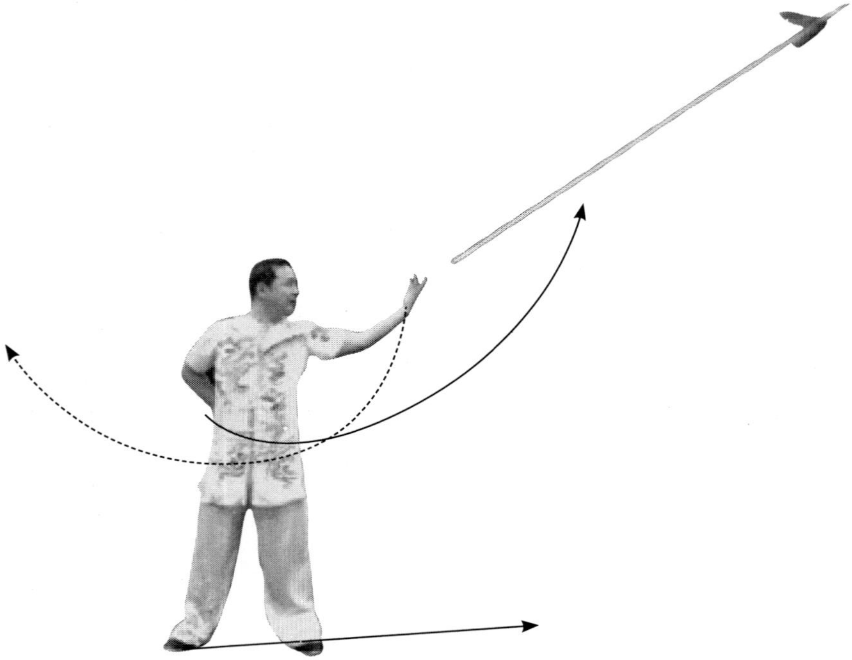

图6-3-96

（2）右脚向前上步，右腿屈膝；同时，右手由背后迅速向前，掌心向上接握枪把，左手向下、向后上伸展，高与肩平；目视枪尖。（图6-3-97）

图6-3-97

10. 插步拦拿弓步扎枪（梨花摆头）

动作说明：

（1）身体右转，左脚向前上步，右脚向左脚后插伸，两腿屈膝交叉；同时，左手滑至枪身中段做拦枪动作。（图6-3-98）

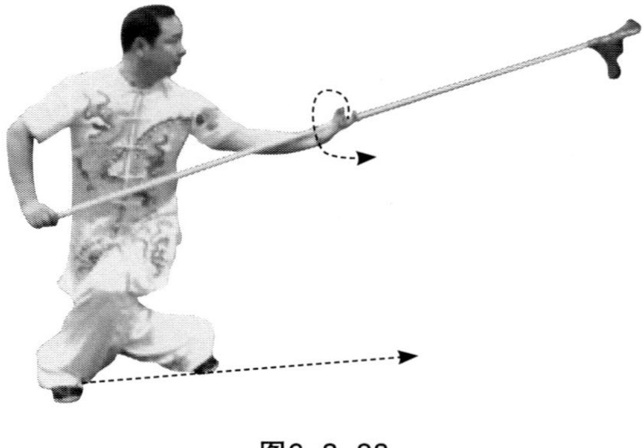

图6-3-98

（2）上动不停，左脚向左上步成马步；同时，左手向内扣做拿枪动作；目视枪尖。（图6-3-99）

（3）紧接上动，身体左转，右腿蹬腿转胯成左弓步；同时，右手推把向前扎出；目视前方。（图6-3-100）

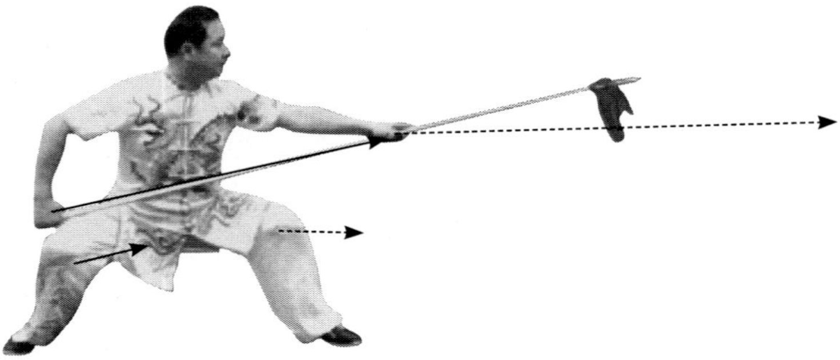

图6-3-99

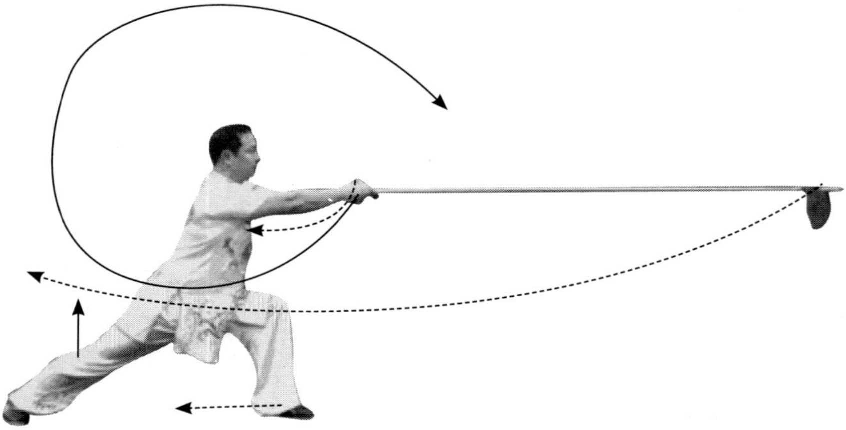

图6-3-100

11. 进步舞花枪（劈盖连环）

动作说明：

（1）身体重心后移，左腿挺直，脚尖点地成左前点步；同时，右手持把向后抽把，左手顺势前滑，然后，右手持枪把向上、向前盖把，左手持枪绕至右腋下。（图6-3-101）

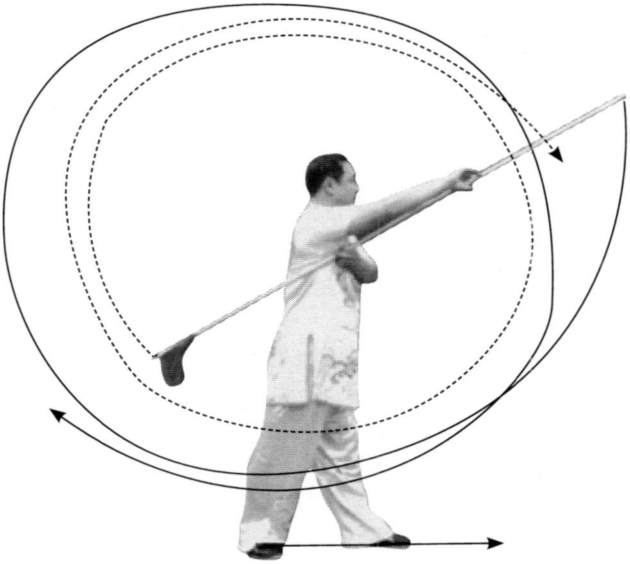

图6-3-101

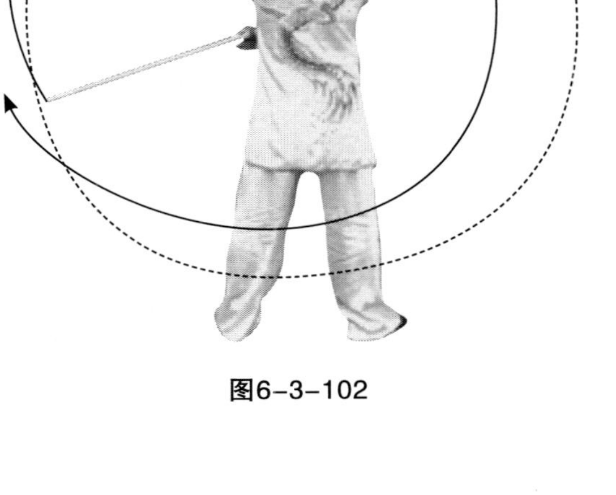

图6-3-102

（2）上动不停，身体左转，右脚向前上步，脚尖内扣点地；同时，右手握把，向下经左腿外侧向后、向上、向前，再向下、向后立圆绕行至左腋下，枪尖朝右；目视前方（6-3-102）

（3）上动不停，身体右转，右手持把，继续向上、向前、向下、向后立圆绕行一周，置于左腋下；左手持枪，随之运行至前方，枪尖朝前。（图6-3-103）

（4）上动不停，身体右转，上左步，脚尖点地；左手持枪，向下经体前向后立圆绕行，两臂交叉；右手持把绕至左腋下。（图6-3-104）

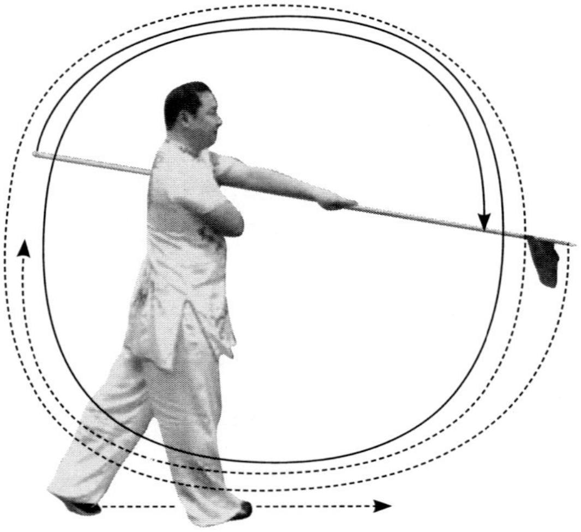

图6-3-103

图6-3-104

12. 仆步摔把（金钱落地）

动作说明：

（1）身体左转，左手持枪，滑握枪缨后处，并向上、向前、向下立圆绕行，使枪尖朝下，把端朝上。（图6-3-105）

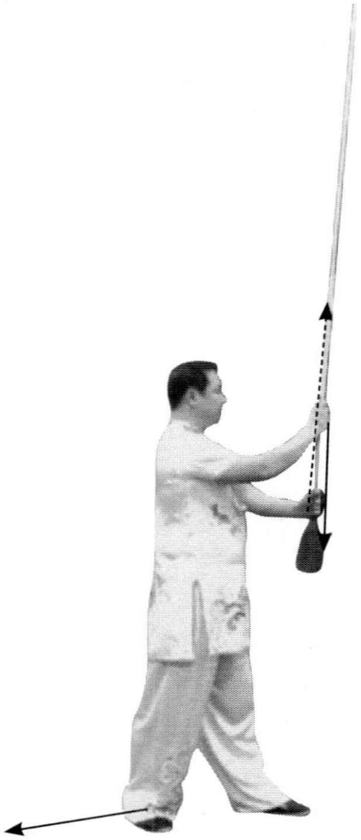

图6-3-105

（2）上动不停，两手交错滑把换握，右手握枪缨后处，左手握枪身中段。（图6-3-106）

图6-3-106

（3）紧接上动，右腿后撤屈膝全蹲，左腿伸直成左仆步；同时，两手持枪用力由上向下摔劈，使枪身平贴地面，左手变掌按压于枪杆上；目视枪把。（图6-3-107）

图6-3-107

13. 弓步单手摔把（飞龙落地）

动作说明：

身体右转成右弓步；同时，两手持枪上举于头上方，然后左手松把变掌向上举，掌心向上；右手持枪由上向下用力摔劈于地面；目视枪把。（图6-3-108）

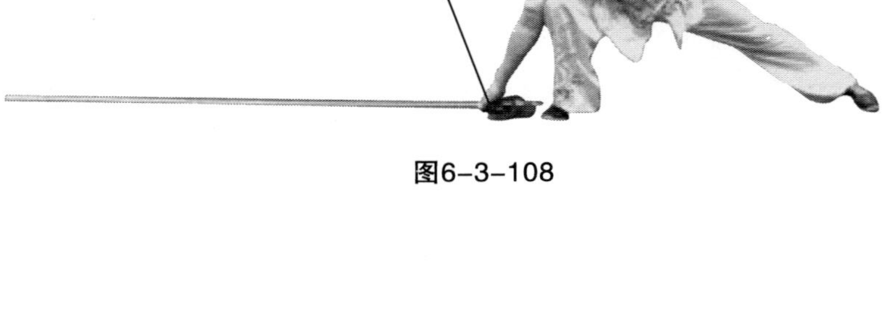

图6-3-108

七、第六段

1. 提膝架枪（霸王举鼎）

动作说明：

（1）右手持枪水平抬起，左手向前握枪于右手前面。（图6–3–109）

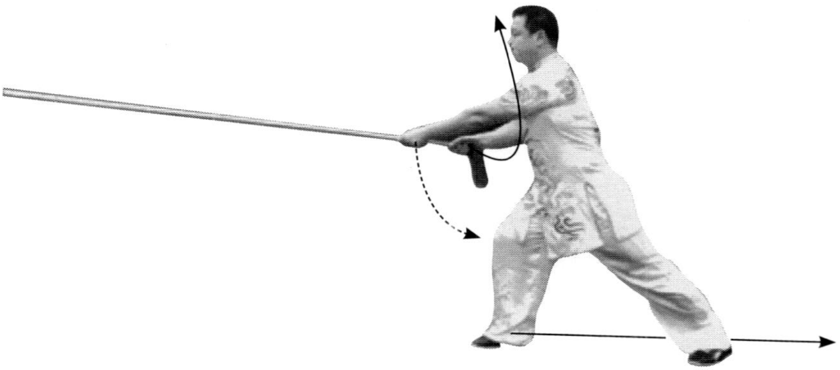

图6–3–109

（2）上动不停，右脚向后退步；右手持枪向右抽拉；左手向左滑握枪身把端。（图6–3–110）

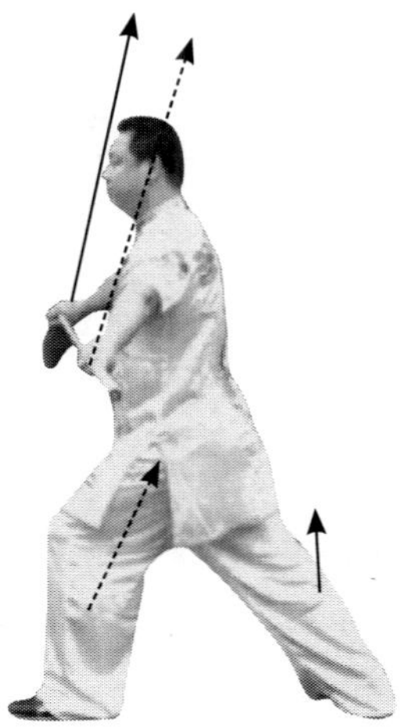

图6–3–110

（3）上动不停，右腿直立支撑，左腿屈膝提起；同时，两手持枪，经脸前向上横架于头上方；目视前方。（图6-3-111）

图6-3-111

图6-3-112

2. 急行跳步跃枪（横江飞渡）

动作说明：

（1）左脚向前落步；同时，两手握枪，经头后向下横举至背后。（图6-3-112）

（2）上动不停，右、左脚先后向前上一步；同时，左手松把平架于身体左侧；右手持枪由后向前平扫。（图6-3-113、图6-3-114）

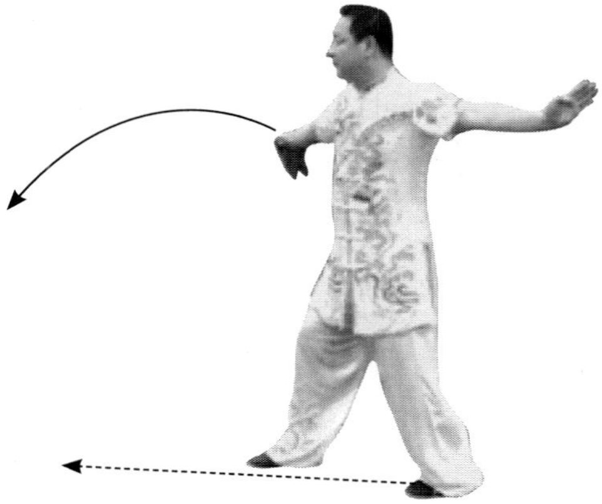

图6-3-113

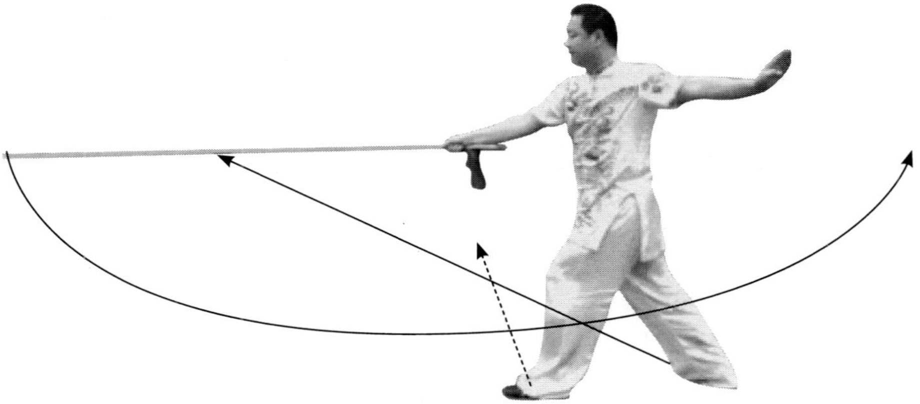

图6-3-114

（3）上动不停，右腿屈膝向前上方摆起，左脚蹬地腾空向后摆撩；同时，右手持枪，使枪把经过两脚下向后平扫；身体略前倾。（图6–3–115）

图6–3–115

3. 转身弓步摔把（飞龙落地）

动作说明：

（1）右脚落地，左脚向前落步；同时，右手持枪，继续向右、向前平扫；左手心朝上接握枪身把端，两手持枪横架于头上；目视前方。（图6–3–116、图6–3–117）

图6–3–116

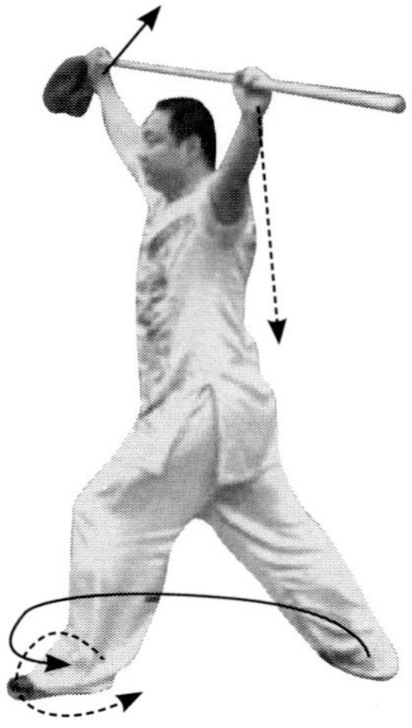

图6–3–117

（2）右脚向左脚并拢，两腿挺直，以两脚掌为轴，身体向左后转180°；左手持把后摆至体左后方，枪把端斜朝下；右手持枪斜上举，枪尖斜朝上；目视前方。（图6-3-118）

图6-3-118

（3）左脚向后撤步成右弓步，身体前倾；同时，左手松把，在身体左侧斜上举；右手持枪由上向下用力摔劈于地面；目视枪把。（图6-3-119）

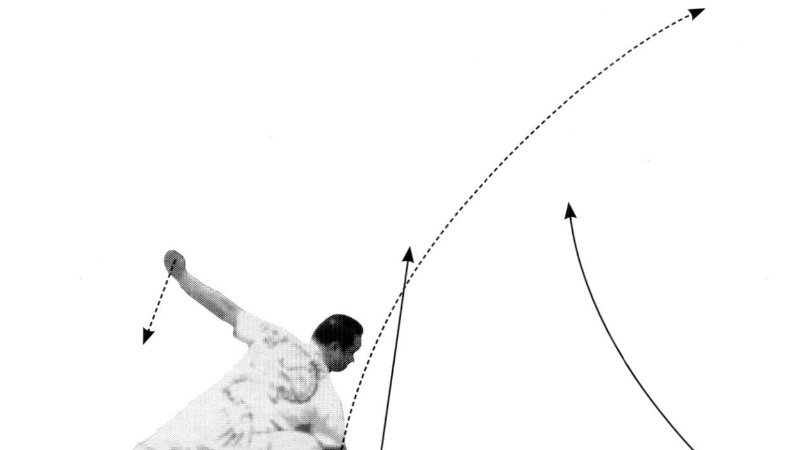

图6-3-119

4. 抛接枪（燕子钻云）

动作说明：

（1）左脚略前移，身体直起；同时，右手向前上方抛送枪把，使枪脱手在空中沿立圆旋转，枪尖由下方绕至向上。（图6-3-120）

（2）右手迅速前伸，掌心向前，抓握枪把。（图6-3-121）

图6-3-120

图6-3-121

5. 前点步举枪推掌（单手托塔）

动作说明：

（1）身体右后转180°，右脚向后退步，右腿挺直，左脚提起收至右腿内侧，脚面绷平；同时，右手持枪，随转体向右后平摆，持枪置于腰右侧，枪尖朝上；左掌随转体向右后平摆至右肩前。（图6-3-122）

（2）左脚向前落步，脚尖点地成左高虚步；同时，左掌向前推出成侧立掌，力达掌外沿；目视左掌。（图6-3-123）

图6-3-122

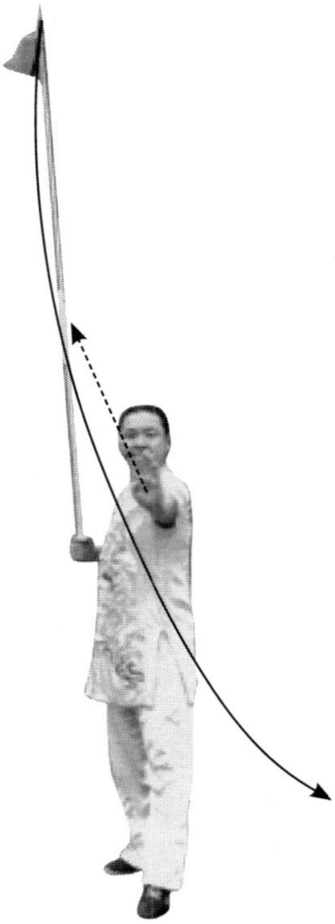

图6-3-123

八、收势

1. 并步持枪

动作说明：

（1）身体左转，左脚向后退步成右马步；同时，左手接握枪身中段；右手持把向右上方抽把；左手持枪滑握枪身前段，向下经体前向后下方划弧，枪尖朝后下方。（图6-3-124）

（2）上动不停，右脚向后退步，左脚跟离地，身体右转；同时，右手持把，向上、向后、向右腰侧绕行；左手持枪向右下、向上、向右胸前挑枪，并滑握至枪身中段。（图6-3-125）

（3）紧接上动，左脚踏实，右脚向左脚并拢；两手持枪，使枪直立于体右侧，枪把着地；目视前方。（图6-3-126）

图6-3-124

图6-3-125

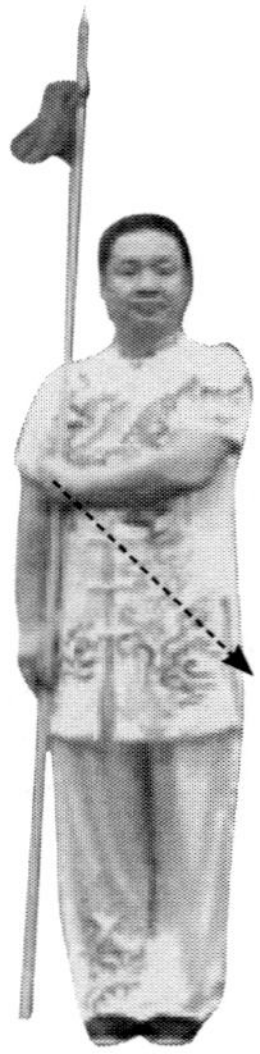

图6-3-126

2. 持枪直立

动作说明：

右手持枪不动；左手松开枪身，变掌，下落于体侧，手心朝内，手指朝下；目视前方。（图6-3-127）

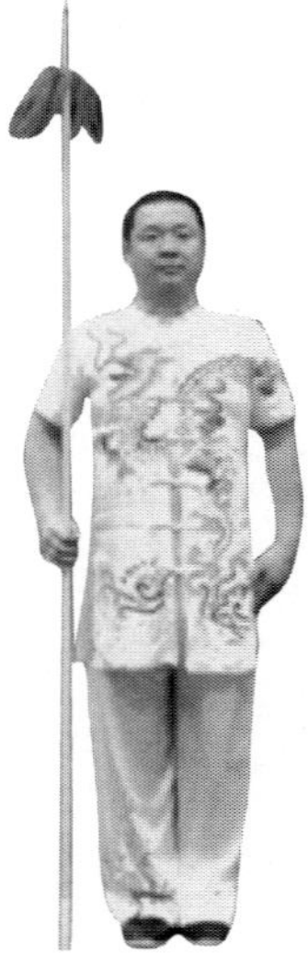

图6-3-127

第四节　查拳实用招数解析

武术中的“四击”，指“踢、打、摔、拿”四种技击方法。查拳不仅善用拳打、脚踢、腿别、臂撅，还有肘击、膝顶、近身靠等多种技击方法。这些技法可以根据实战情况灵活运用，自由组合成一些精妙招式，例如，在实战中踢打结合的上打下踢、拿打结合中的右拿左摔、佯攻中的上惊下取等，要充分掌握“远踢、近打、靠身拿摔”的技击原则。

行手歌诀

出势离弦回势烧，抢先发力跟其后。
上打寸劲忌乱出，阴阳交错虚实真。
引手闪身向上靠，站侧背后出奇招。
引诱暴露暗藏腿，敌变我变最为妙。
踢打摔拿多变化，理法无穷在琢磨。

一、踢法

1. 正蹬腿

动作说明：

（1）预备式：甲（着白衣者）乙（着黑衣者）双方以三体势左势对峙；目视对方。（图6-4-1）

（2）乙方右脚上步，右手直拳或劈拳袭击甲方面部。甲方右脚后撤一小步，身体重心略后移；同时，甲方左手接乙方右手并上挑。（图6-4-2）

图6-4-1

图6-4-2

（3）上动不停，甲方身体略左转，左手向左平拨乙方右手；同时，身体重心前移至左腿，右腿迅速提起向前蹬踹乙方胸腹部。（图6–4–3）

图6–4–3

2. 侧踹腿

动作说明：

（1）预备式：甲乙双方以三体势左势对峙；目视对方。（图6–4–4）

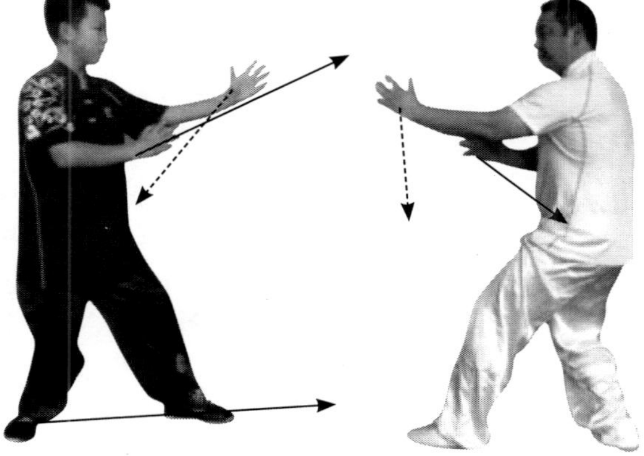

图6–4–4

（2）乙方右脚上步，右手直拳或劈拳袭击甲方面部。甲方身体重心略后移；同时，左手接乙方右手并上挑，右腿迅速向左后插步。（图6-4-5、图6-4-6）

图6-4-5

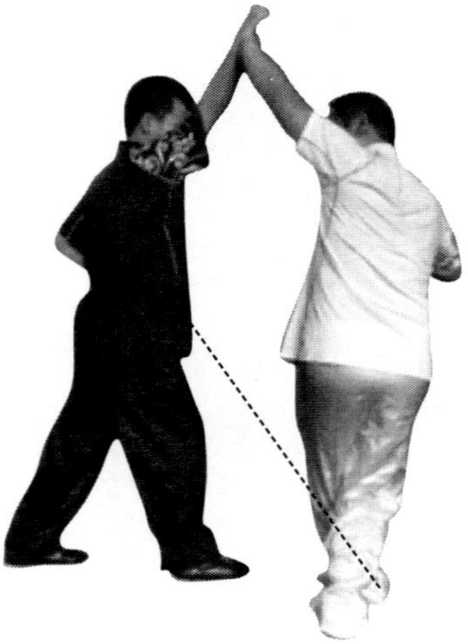

图6-4-6

（3）上动不停，甲方迅速提起左腿，踹击乙方左肋部或胸腹部。（图6-4-7）

图6-4-7

3. 下截踢

动作说明：

（1）预备式：甲乙双方以三体势左势对峙；目视对方。（图6-4-8）

（2）乙方右脚上步，右手直拳或劈拳袭击甲方面部。甲方身体重心略左转、前移；同时，右手迅速向前采抓乙方右手。（图6-4-9）

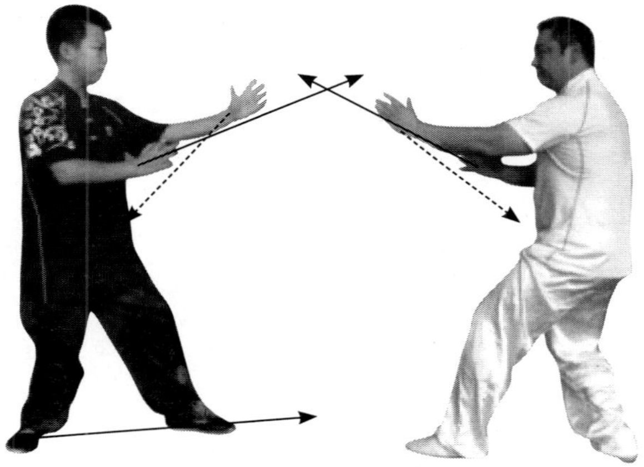

图6-4-8

图6-4-9

（3）上动不停，甲方右手向下顺时针拧握乙方右手臂，左手向下扶按乙方右肩部；同时，身体重心移至左腿，右脚外旋快速向前踢踹乙方右小腿胫骨处。（图6-4-10）

图6-4-10

二、打法

1. 弓步架打

动作说明：

（1）预备式：甲乙双方并步站立，侧向对峙；左手成拳，拳心向后，立于胯侧；右手成掌立于左胸前；目视对方。（图6-4-11）

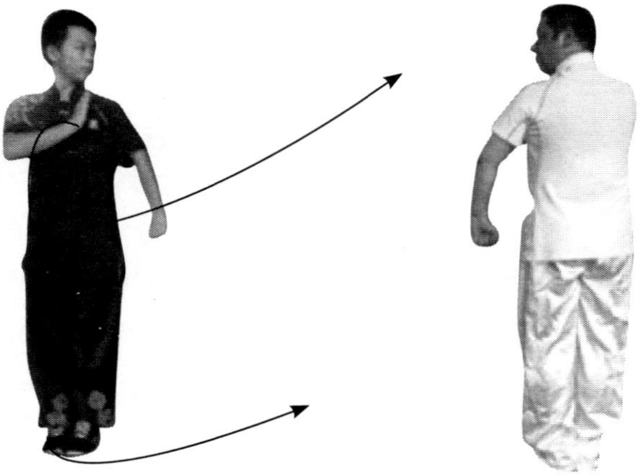

图6-4-11

（2）乙方右脚上步，右手直拳或劈拳袭击甲方面部。甲方左手上架，接乙方来手；同时，右脚经左脚前跳换步落地，左脚快速提起。（图6-4-12、图6-4-13）

图6-4-12

图6-4-13

（3）上动不停，甲方左脚快速落于乙方右腿后，重心前移成左弓步，膝关节贴紧乙方右腿；同时，身体略左转，右手成拳由腰间快速前冲击打乙方心窝处。（图6-4-14）

图6-4-14

2. 马步架打

动作说明：

（1）预备式：甲乙双方并步站立，侧向对峙；左手成拳，拳心向后，立于胯侧；右手成掌立于左胸前；目视对方。（图6-4-15）

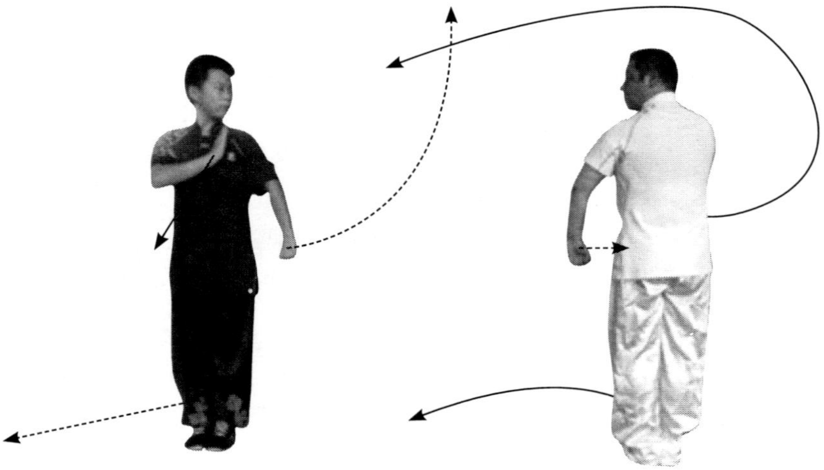

图6-4-15

（2）甲方右脚上步，同时，右手劈击乙方头部。乙方左脚后撤；同时，左拳变掌架接来手。甲方左手迅速上举，顺时针采握乙方左手腕，右拳回收至右腰间；同时，左脚向右后插步成高歇步。（图6-4-16、图6-4-17）

图6-4-16

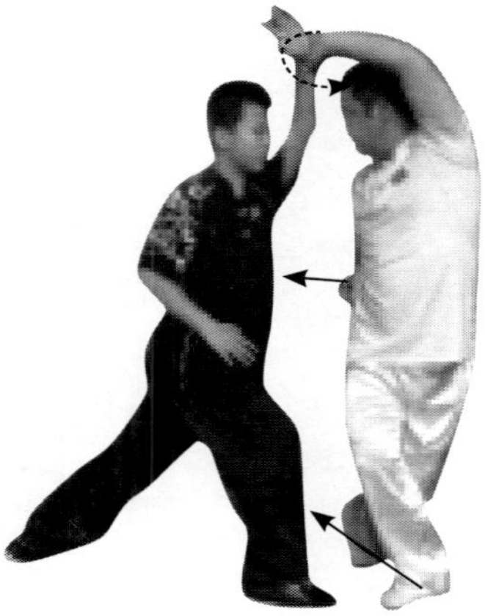

图6-4-17

（3）上动不停，甲方右脚快速向右上步成马步；同时，左手紧锁乙方左手腕，使其不能后撤脱离，右手由腰间迅速前冲击打乙方心窝处。（图6-4-18）

图6-4-18

3. 弓步撇打

动作说明：

（1）预备式：甲乙双方并步站立，侧向对峙；左手成拳，拳心向后，立于胯侧；右手成掌立于左胸前；目视对方。（图6-4-19）

（2）甲方右脚上步成右弓步；右肘顶肘攻击乙方胸部。乙方左脚后撤成右弓步；双手同时向前按掌顶住甲方肘部。（图6-4-20）

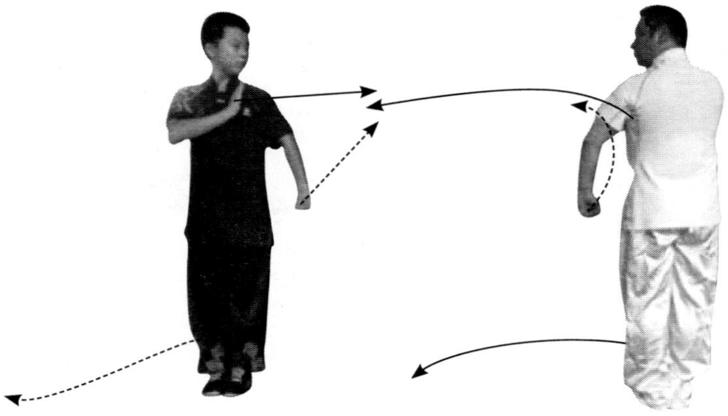

图6-4-19

图6-4-20

（3）上动不停，甲方左手迅速向前、向下按乙方双手；同时，甲方右手外旋撇打乙方面部。（图6-4-21）

图6-4-21

三、摔法

1. 抱腰摔

动作说明：

（1）乙方从甲方身体右侧搂抱甲方颈部。甲方左手上举抓握乙方右手腕，右手迅速后插搂抱乙方腰部。（图6-4-22、图6-4-23）

图6-4-22

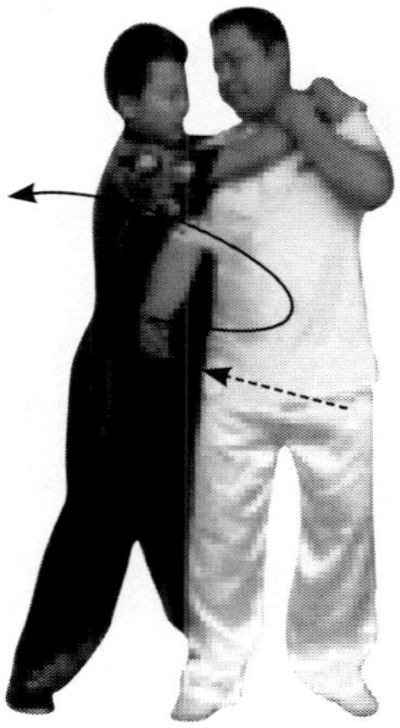

图6-4-23

（2）上动不停，甲方迅速向后翘臀，两手向左下拧带，将乙方撅起。（图6-4-24、图6-4-25）

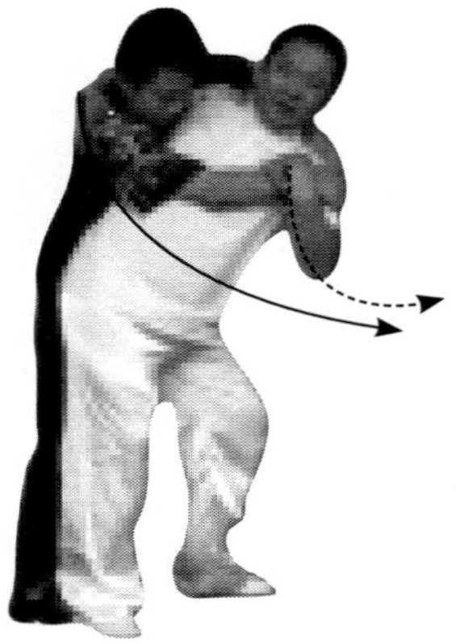

图6-4-24

图6-4-25

（3）上动不停，甲方上肢迅速向左下方拧转俯身；同时，臀部继续向后上撅起发力，将乙方由背后向前摔击于地面。（图6-4-26、图6-4-27）

图6-4-26

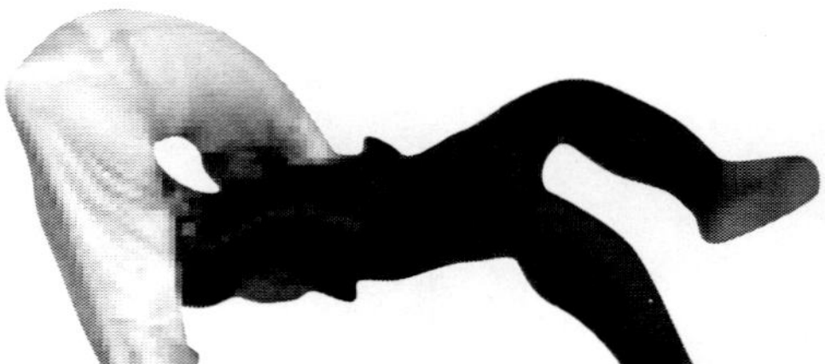

图6-4-27

2. 过背摔

动作说明：

（1）乙方从甲方身体后方搂抱甲方颈部。甲方身体重心略下移；同时，双手上举抓握乙方两手腕。（图6-4-28、图6-4-29）

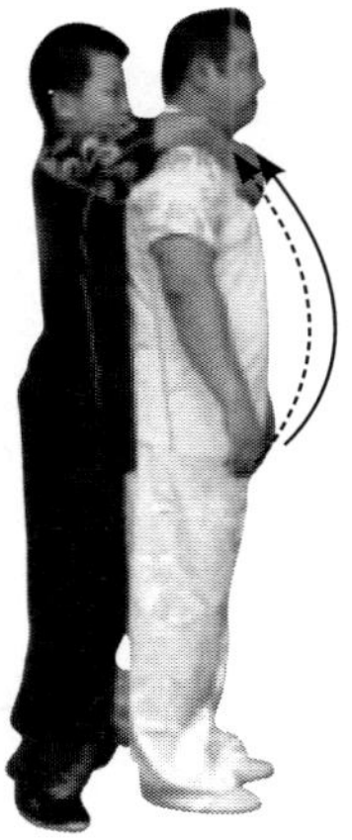

图6-4-28

图6-4-29

（2）上动不停，甲方紧握乙方双手迅速向下勒；同时，迅速向前俯身，后翘臀部将乙方撅起。（图6-4-30）

图6-4-30

（3）上动不停，甲方继续向下方俯身；同时，臀部继续向后上撅起发力，将乙方由背后向前摔击于地面。（图6-4-31、图6-4-32）

图6-4-31

图6-4-32

3. 别摔

动作说明：

（1）预备式：甲乙双方并步站立，侧向对峙；左手成拳，拳心向后，立于胯侧；右手成掌立于左胸前；目视对方。（图6-4-33）

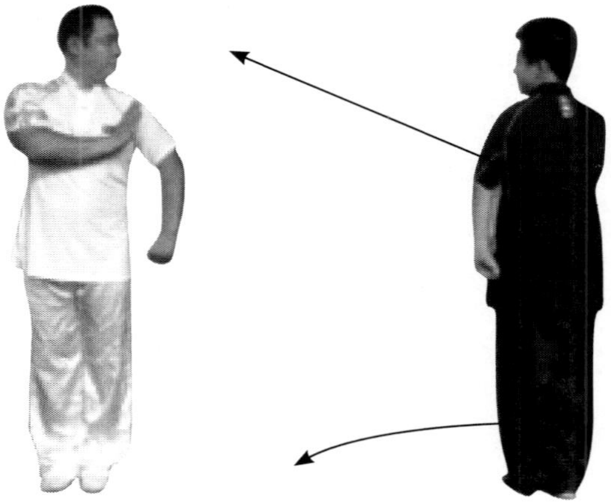

图6-4-33

（2）乙方右脚上步，右手直拳或劈拳袭击甲方面部。甲方左手上架，接乙方来手；同时，右脚经左脚前跳换步落地，左脚快速提起。（图6-4-34、图6-4-35）

图6-4-34

图6-4-35

（3）上动不停，甲方左脚快速落于乙方右腿后，重心前移成左弓步，膝关节贴紧乙方右腿；同时，身体略左转，右手变掌由腰间快速向前弧形拍打乙方左面部。（图6-4-36、图6-4-37）

图6-4-36

图6-4-37

（4）上动不停，甲方左手继续向左后方拨打乙方右手臂，右手继续发力向左下按击乙方面部；同时，膝关节向内发力击打乙方右膝部，将乙方别倒。（图6-4-38、图6-4-39）

图6-4-38

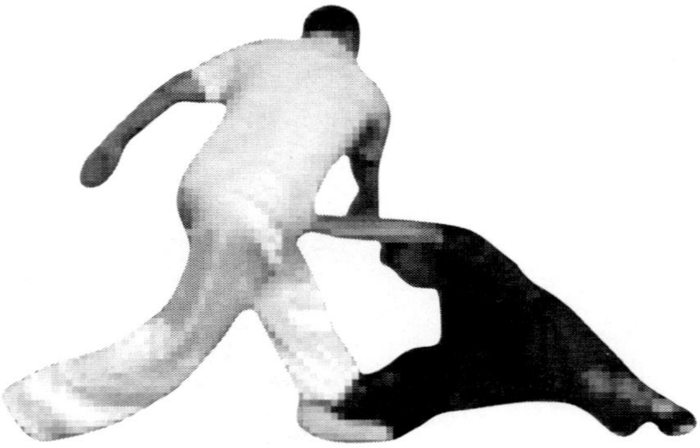

图6-4-39

四、拿法

1. 採腕内旋滚肘撅臂

动作说明：

（1）乙方右脚上步，用右手抓握甲方衣领。甲方右手迅速上举抓握乙方右手腕。（图6-4-40、图6-4-41）

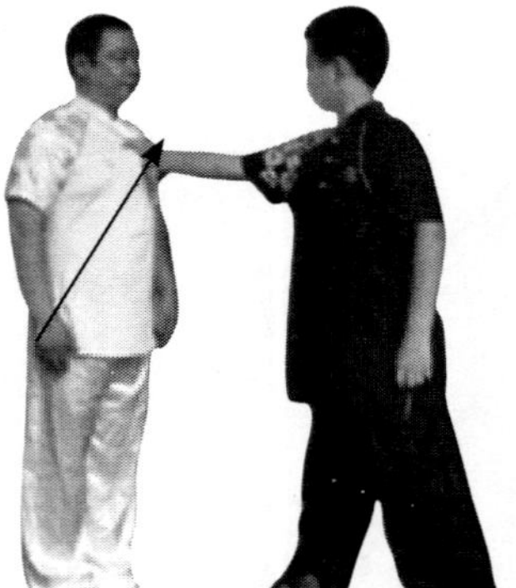

图6-4-40

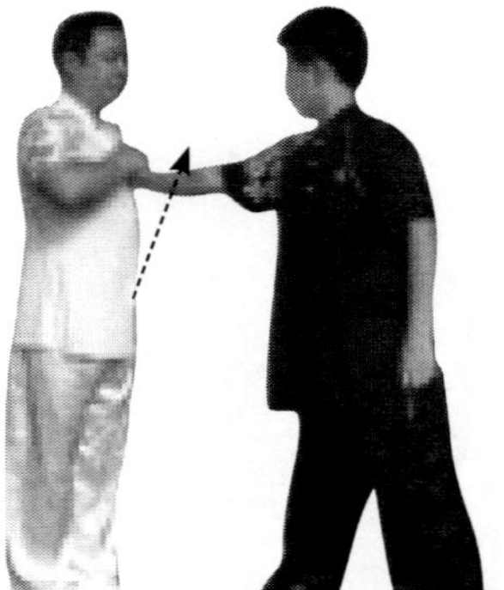

图6-4-41

（2）上动不停，甲方身体微右转，右脚后撤一小步；同时，左手握拳屈臂向内击打乙方右手臂的肘外侧。（图6-4-42）

（3）上动不停，甲方双手向内形成合力，左手臂压在乙方右肘部形成反关节动作；同时将乙方右臂向甲方右下方拧压，迫使乙方跪倒在地。（图6-4-43）

图6-4-42

图6-4-43

2. 架掌採腕外旋撅臂

动作说明：

（1）乙方右脚上步，用右手击打甲方面部。甲方左脚向前上一小步；同时左手由内向外挑架乙方来手。（图6-4-44、图6-4-45）

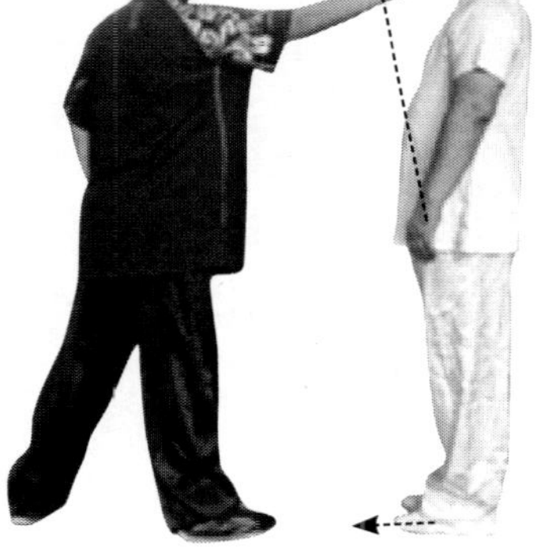

图6-4-44

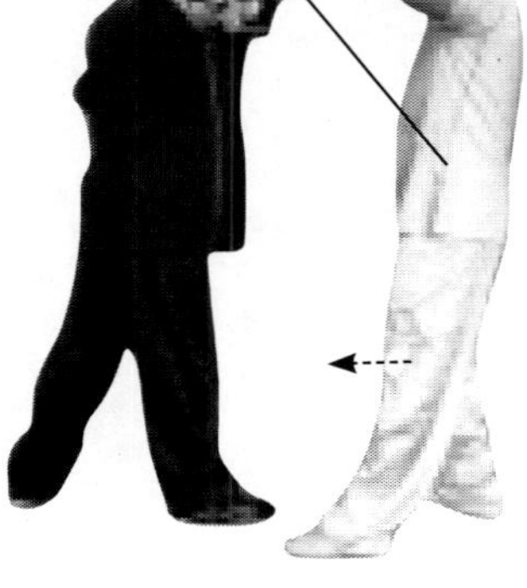

图6-4-45

（2）上动不停，甲方身体重心前移，右手抄臂迅速从乙方右臂下穿过，同时，右手回扣乙方右肘部。（图6-4-46）

图6-4-46

（3）上动不停，甲方双手向内形成合力，右手臂压在乙方右肘部形成反关节动作；同时，左手外旋向左下压，右手向上回拉，使乙方倒地。（图6-4-47、图6-4-48）

图6-4-47

图6-4-48

3. 採腕压肘缠臂拿

动作说明：

（1）乙方右脚上步，用右手击打甲方面部。甲方身体微左转，左脚向前上一小步；同时，右手向左上架接乙方右手腕。（图6-4-49、图6-4-50）

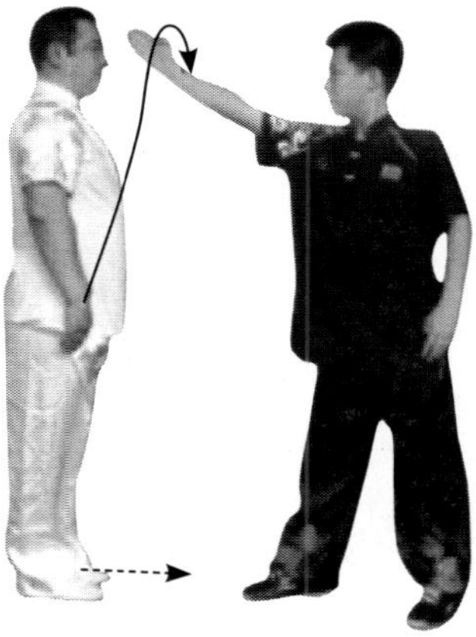

图6-4-49

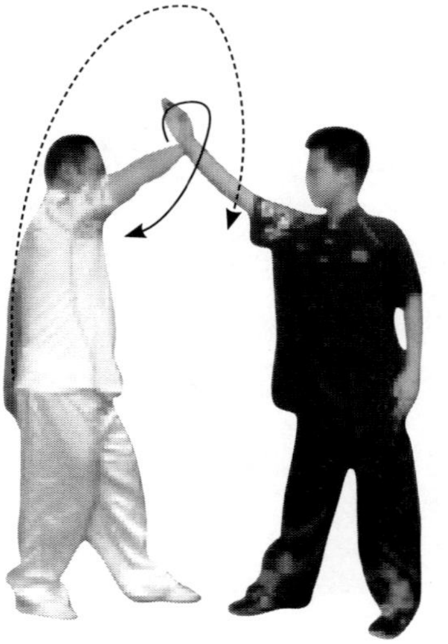

图6-4-50

（2）上动不停，甲方身体右转，右手内旋採抓乙方右手腕向下、向右回拉；同时，左臂上举，屈臂向下肘击乙方右手臂。（图6-4-51）

图6-4-51

（3）上动不停，甲方左手向前、向下，再向后、向上缠绕乙方右手臂。（图6-4-52、图6-4-53）

图6-4-52

图6-4-53

（4）上动不停，甲方左手由上向前下按压乙方右肩部；同时，右手抓握乙方右手臂内旋，向右下拉拽，迫使乙方跪地。（图6-4-54）

注：乙方示范者（黑衣）刘竺轩。

图6-4-54